Hans Stirn
Ausländische Arbeitnehmer
in der Bundesrepublik Deutschland

D1723026

Hans Stirn

Ausländische Arbeitnehmer in der Bundesrepublik Deutschland

Ursachen, Wirkungen, Rückwirkungen, Problematik
– Zugleich ein kritischer Literaturüberblick –

Leske Verlag Opladen 1974

ISBN 3–7850–0298–X

© 1974 by C. W. Leske Verlag, Budrich, GmbH, Opladen
Gesamthersteller: Industriedruck K. Janssen, Krefeld
Printed in Germany

Inhalt

1. Vorbemerkung

Die Literatur über die ausländischen Arbeitnehmer ist umfangreich geworden. Sie ist zudem unübersichtlich, da sie wegen der Vielschichtigkeit der Problematik und der zahlreichen Interessen, die durch die Ausländer in unseren Betrieben und Gemeinden berührt werden, in vielen Publikationsorganen verstreut anzutreffen ist.

Was die Menge der Veröffentlichungen angeht, wird das gedruckte Wort der schwergewichtigen Bedeutung der Ausländerbeschäftigung und ihrer Folgewirkungen durchaus gerecht. Dasselbe läßt sich nicht von der Qualität sagen. Im Schrifttum überwiegen Wiederholungen und bloße Meinungsäußerungen ohne Begründung. Es mangelt an gründlichen Studien, die entweder auf empirischen Untersuchungen basieren oder eine eingehende gedankliche Durchdringung der Thematik erkennen lassen. So erscheint eine kritische Übersicht über die Literatur zur Ausländerbeschäftigung vertretbar, weil damit denen, die nicht die Zeit haben, die Problematik von Anfang an zu studieren, Hilfe gegeben werden kann.

Dabei ist sogleich darauf hinzuweisen, daß die Darstellung sozialökonomisch-politischer Themen unvermeidbar auch eine subjektive Seite hat. So werden in dieser Schrift einige Akzente vom Verfasser gesetzt, der sich zu der subjektiven Note bekennt und versucht, sie dem Leser erkennbar zu machen (vgl. 3.). Im übrigen geht es ihm um objektive Berichterstattung.

2. Problemübersicht

Fragestellungen haben sich herausgebildet

Überblickt man die deutschsprachige Literatur zu unserem Thema, so stellt man fest, daß sich die Diskussion auf eine Reihe von Problemgruppen zubewegt hat. Es hat gut 10 Jahre gedauert, bis sich die Fragestellungen so eindeutig haben definieren lassen, erstaunlich lange, wenn man bedenkt, daß die Ausländerbeschäftigung keineswegs etwas Neues in unserem Lande ist. Vor 30 Jahren erst hat ein gewaltiges Heer ausländischer Arbeiter das zusammengebrochene Deutsche Reich verlassen.

Die lange Zeitdauer der Problemumreißung mag folgende Gründe haben:
1. Die Problematik ist überaus komplex.
2. Die Wirtschaftswissenschaft ist anscheinend noch nicht in der Lage, die ökonomischen Auswirkungen der Ausländerbeschäftigung in allen ihren Verästelungen darzulegen.
3. Der Mitte der 60er Jahre beginnende Geburtenrückgang hat die Prognosen der Bevölkerungsentwicklung entwertet.

4. Soziologie und Sozialpsychologie sind nicht gerüstet, weil – hier muß man schon sagen: merkwürdigerweise — die Vorurteilsforschung noch in den Anfängen steckt. Für größere empirische Sozialforschungen, gerichtet auf die Art und Weise der interpersonalen Beziehungen der Ausländer untereinander, zu den Einheimischen und zu den Menschen in der Heimat, wurden finanzielle Mittel nicht zur Verfügung gestellt.

Es ist zu hoffen, daß, nachdem die Fragestellungen herausgearbeitet worden sind, die sozialwissenschaftliche Forschung nach und nach die Antworten liefert. Die Forschung, das sei noch angemerkt, wird als interdisziplinäre Forschung die größten Erfolge haben.

Die ältere Literatur muß berücksichtigt werden – auf geschichtliche Erfahrungen nicht verzichten

Auch die ältere Literatur über die früheren Perioden der Ausländerbeschäftigung in Deutschland wurde berücksichtigt, um geschichtliche Erfahrungen zu erhalten.

Die erste Periode, die Zeit der Ost-West-Wanderung, begann etwa 1880, als in größerem Umfang Menschen polnischer Abstammung aus Rußland immigrierten. Die zweite begann etwa 1936, als Italiener auf Grund zwischenstaatlicher Abmachung *kontingentweise* hereingeholt wurden – moderner Menschenhandel, vergleichbar mit dem „Verkauf" von Soldaten im 18. Jahrhundert? Den Höhepunkt erreichte die Ausländerbeschäftigung dieser zweiten Periode in der Kriegswirtschaft des Zweiten Weltkrieges, als zeitweilig mehr als 6 Millionen Ausländer einschließlich der Kriegsgefangenen beschäftigt wurden. Ab 1945 gab es die vielen heimatlosen Ausländer, über deren Schicksale *Kempf* (1962) und *Wander* (1951) berichteten.

Wenn auch in der zweiten Periode keine besondere Literatur der Ausländerbeschäftigung entstanden ist – man sprach damals vom *Einsatz* der Ausländer, den man, zusammen mit der gesamten Beschäftigung, mit größter Akribie in der Arbeitsbuchstatistik erfaßte –, so sprechen wir in bewußter oder unbewußter Abhebung zu ihr nicht mehr von Fremdarbeitern, sondern von Gastarbeitern. *Schönbach* (1970) ist der Bedeutung im Sprachgebrauch der Wörter „Fremdarbeiter" und „Gastarbeiter" nachgegangen und konnte nachweisen, daß die Bezeichnung „Fremdarbeiter" zu ungünstigen Assoziationen beitragen kann.

Wer sich ernsthaft mit der Problematik auseinandersetzt, kann schwerlich auf eine Betrachtung der wirtschaftlichen und sozialen Verhältnisse in den Heimatländern der ausländischen Arbeitnehmer verzichten. Ein soziologischer und sozialpsychologischer Ansatz kann uns Einstellungen und Verhaltensweisen der unter uns lebenden Ausländer verständlich machen. Arbeiten, die sich mit den Verhältnissen in den Heimatländern sowie den Auswirkungen bzw. Rückwirkungen der Gastarbeiterbeschäftigung auf sie befassen, wurden deshalb berücksichtigt.

Die Problematik der ausländischen Arbeiter ist heute diejenige der Italiener, Türken, Jugoslawen, Griechen, Spanier und Portugiesen, in Zukunft vielleicht auch der Angehörigen von Staaten an der nordafrikanischen Küste. Für Angehörige anderer Staaten, z. B. Niederländer, Belgier, Franzosen, Schweizer, Österreicher, die zum teil als Pendler in der BRD arbeiten, stellen sich in der Regel andere Probleme, die in dieser Arbeit nicht besprochen werden.

Die Problematik ist vielschichtig und komplex und ...

Die meisten Fragestellungen ergeben sich aus ökonomischen, rechtlichen, politischen und sozialpolitischen sowie sozialpsychologischen Gesichtspunkten, die stark miteinander verwoben sind. Eine rein ökonomische Betrachtung wird dem Thema ebensoweing gerecht wie eine, die die ökonomischen Zusammenhänge vernachlässigt. Auch reicht der Blick auf den eigenen nationalen Raum nicht aus, weil die Ausländerbeschäftigung viele Länder unmittelbar und mittelbar betrifft.

... im Laufe der Zeit einem Wandel unterworfen

Durch die Wanderungen werden Größen verändert, z. B. die Zahl der Wohnbevölkerung, der Erwerbspersonen, die Nachfrage nach Wohnungen und anderen Infrastruktureinrichtungen, die Nachfrage nach Konsum- und Investitionsgütern, das Bruttosozialprodukt. Deshalb muß zur Bestandsaufnahme die mittel- und langfristige Beurteilung von Entwicklungen hinzukommen.

Gesellschaftlicher Wandel wird beschleunigt

Veränderungen solcher Größen sind eine wichtige Ursache für gesellschaftlichen Wandel. Immigration ist ein Faktor, der gesellschaftlichen Wandel sowohl bei uns als auch in den Herkunftsländern der Ausländer beschleunigt. Hier gilt es zu analysieren, welche Entwicklungen im einzelnen vorangetrieben oder verlangsamt werden.

Durch die Immigration verändert sich nicht nur die soziale Organisation der BRD, sondern auch die biologische Zusammensetzung ihrer Bewohner. Wenn man nur auf die Zahlen sieht, kann man sagen, daß auf diese Weise ein Teil der Menschenverluste im Zweiten Weltkrieg ausgeglichen wird – auf Kosten der Herkunftsländer, die ihre Menschen nicht auf Dauer verlieren wollen. Denn ihre Auswanderer gehören zu den aktivsten, geistig beweglichsten und gesündesten der ländlichen Bevölkerung. Die „biologische Bilanz" ist für die Einreiseländer aktiv und die Herkunftsländer passiv.

9

Die erbbiologischen Auswirkungen – natürlich nicht im Sinne rassistischer Vorstellungen und Voruteile – müssen ebenfalls bedacht werden. Bis zum Beweis des Gegenteils wird man günstige Folgen, z. B. auf die Volksgesundheit, unterstellen dürfen.

Fragestellungen und Problemgruppen

Die Fragestellungen und Problemgruppen, die derzeit im Mittelpunkt der Diskussion stehen, lassen sich folgendermaßen beschreiben:

(1) Nutzen-Kosten-Berechnungen mittel- und langfristiger Art. Tragen die ausländischen Arbeitnehmer zu einer Erhöhung von Bruttosozialprodukt und Lebensstandard bei? Wie groß sind die mit den Ausländern in Zusammenhang zu bringenden Infrastrukturaufwendungen? Wirkungen auf die wirtschaftliche Konjunktur, die Preise und die Zahlungsbilanz? Wie wird die Arbeitsproduktivität beeinflußt? Auch die Wirkungen und Rückwirkungen auf die Heimatländer werden beobachtet und analysiert.

(2) Starkes wirtschaftliches Wachstum von real etwa 4–5 Prozent jährlich, wie es die Planungen vorsehen, oder verlangsamtes wirtschaftliches Wachsen?

(3) Wie wird und wie sollte sich die Zahl der Erwerbspersonen und der Wohnbevölkerung in der BRD entwickeln?

(4) Befristeter Aufenthalt der Ausländer durch ungelenkte oder gelenkte Rotation, oder soziale Integration, oder Einbürgerung und schließlich Assimilation? Was ist unter Integration zu verstehen? Ist die Ausländerbeschäftigung ein Beitrag zur Entwicklung der Volkswirtschaften der Herkunftsländer?

(5) Ausländische Arbeitnehmer im Betrieb: Auswirkungen auf die betriebliche Sozialstuktur, Eingliederung in die Arbeitsgruppen und Integration in den Betrieb, Fluktuation, Krankenstand, Arbeitsunfälle, arbeitsmedizinische Betreuung.

(6) Ausländische Arbeitnehmer und ihre Familienangehörigen in der Gemeinde (Stadt, Großstadt): Wohnverhältnisse, Ghettobildungen, Stadtsanierung, Schulbesuch der Kinder, Berechnung des Anteils der Infrastrukturkosten, der den Ausländern zuzurechnen ist. Ausländer in Stadtentwicklungsplänen.

(7) Ist mit Gefahren durch Überfremdung, politische Radikalisierung und Kriminalität zu rechnen?

(8) Schließlich sind noch politikökonomische Fragestellungen anzuführen. Handelt es sich bei den ausländischen Arbeitnehmern um eine „Reservearmee" der Kapitalisten im Sinne von *Marx*, also um eine für den Kapitalismus unserer Zeit zwangsläufige Erscheinung? Ausländerbeschäftigung gewissermaßen als letzte Stufe des „Spätkapitalismus"?

3. Kritik – aber wie?

Die kritischen Ausführungen zur Literatur wurzeln in zwei Überlegungen, von denen die zweite sich als eine subjektive Grundüberzeugung versteht:

(1) Zusammenhänge, Übereinstimmungen und Widersprüche in der Argumentation, die Ursachen dafür sowie Irreführungen sollen deutlich gemacht werden. Übereinstimmungen finden wir z. B. zwischen den Darlegungen liberaler Wirtschaftspolitiker, die für die Freizügigkeit des Produktionsfaktors Arbeit eintreten, weil mit der Mobilität auch die Arbeitsproduktivität gesteigert werden kann, und den Argumenten solcher Politiker, denen es mehr auf die Stärkung der Wirtschaftsmacht der BRD durch Vergrößerung des Arbeitskräftepotentials ankommt und anderen, die die Ausländerbeschäftigung vor allem als Beitrag der BRD zur Entwicklung der Volkswirtschaften der Mittelmeerländer sehen. Sie alle bejahen die Beschäftigung von Ausländern, unterscheiden sich jedoch bezüglich der Art, wie die Ausländer behandelt werden sollen.

Widersprüchlich ist die offizielle Politik, die immer noch unterstellt, daß die BRD kein Einwanderungsland sei, obgleich an die 10 Prozent der Ausländer bereits 10 Jahre und länger im Lande sind und die Zahl der Eheschließungen zwischen Deutschen und Ausländern laufend zunimmt. Folgerichtig wäre, wenn Seßhaftwerden möglichst verhindert werden soll, die Kinder der ausländischen Arbeitnehmer in eigenen nationalen Schulen von Lehrern ihrer Heimatländer unterrichten zu lassen. Denn die Schule ist neben Familie und Betrieb die wichtigste Sozialisationseinrichtung. Die Kinder werden jedoch nur anfangs in besonderen Einführungsklassen unterrichtet – etwa ein Jahr – und dann auf die deutschen Schulklassen aufgeteilt. Sie erhalten lediglich Zusatzurlaub in einigen Fächern wie Muttersprache, Geschichte und Religion. Politiker der Mittelmeerländer befürchten mit Recht, daß gerade bei den Kindern in den Schulen Assimilierungsprozesse einsetzen. „Tatsächlich sind viele Kinder von Ausländern in der Gesellschaft der BRD besser verwurzelt als in der Kultur ihrer Eltern", heißt es in der Studie des Stadtentwicklungsreferats München (1972). Die möglicherweise negativen Auswirkungen auf die Persönlichkeitsentwicklung dieser Kinder sind damit noch nicht einmal angesprochen. Es ist nicht auszuschließen, daß in unseren Schulen eine Generation wirklich „marginaler Menschen" herangebildet wird.

Die BRD war, wie ihre Bevölkerungsentwicklung beweist, von Anfang an ein Einwanderungsland. Zuerst hat sie Millionen deutscher Menschen aus dem Osten angezogen, seit Anfang der 60er Jahre Millionen aus den Mittelmeerländern. In Anbetracht des Geburtenrückganges, nicht ganz richtig als „Pillenknick" bezeichnet, ist nicht schwer vorherzusehen, daß sie auch in Zukunft Einwanderungsland sein wird.

Widersprüchlich stehen sich auch die tatsächliche Situation der meisten ausländischen Arbeiter und unser demokratisches Selbstverständnis gegenüber. Das beginnt mit den Anwerbeverfahren in den Nicht-EG-Staaten und der Bindung an einen Arbeitgeber und setzt sich fort mit dem niederen sozialen Status in den Betrieben und Gemeinden, ihren geringen Möglichkeiten zur Verbesserung der sozialen Position und der Tatsache, daß sie zum Teil als sog. Randgruppe in unserer Gesellschaft existieren. Die Grundrechte unserer Verfassung, die wir als unabdingbare Menschenrechte begreifen, gelten für die ausländischen Arbeitnehmer nur zum Teil.

Fast schon als Irreführung kann man die Art und Weise bezeichnen, wie manche Kommunalpolitiker die ausländischen Arbeitnehmer in Zusammenhang bringen mit der nicht mehr ausreichenden Infrastruktur in den Großstädten. Ohne ausländische Arbeiter hätten weder Hände noch Finanzmittel für einen Teil der durchgeführten Infrastrukturprojekte zur Verfügung gestanden. Es wird verschwiegen, daß die Zahl von 2,5 Mio. ausländischer Arbeitnehmer nicht viel größer ist als der Rückgang der *deutschen* Erwerbspersonen seit 1960 (2,3 Mio.), daß die Bevölkerungszahlen in vielen Großstädten seit Jahren stagnieren (Raumordnungsbericht 1972 der Bundesregierung), daß die Erwerbstätigkeitsquote der Ausländer sehr hoch ist im Vergleich etwa zur deutschen Bevölkerung, so daß die Belastung der Infrastruktur entsprechend geringer ist.

(2) Der Sinn der Ausländerbeschäftigung wird nicht einseitig und schwerpunktmäßig unter ökonomischen Gesichtspunkten gesehen, sondern in den Rahmen einer großen Entwicklung gestellt. Es geht um das Entstehen eines politisch, wirtschaftlich und rechtlich zusammenhängenden Großraumes mit neuen Bedingungen, Möglichkeiten und Chancen für die in ihm lebenden Menschen: Freizügigkeit für die Produktionsfaktoren, Freiheit für die Menschen, die selber entscheiden können, wo und wie sie leben wollen.

Diese Freiheit ist nur dann ein echter Gewinn für die Menschen, wenn zeitweilig oder für immer Zugewanderte an jedem beliebigen Ort unter den Bedingungen der Gleichberechtigung und sozialen Gerechtigkeit leben können und ihre Teilnahme am sozialen Leben keinerlei besonderen Beschränkungen unterliegt.

Das setzt voraus, daß die Grundrechte für alle im Lande lebenden Menschen gelten.

Genauso wichtig ist, daß die sozialen Vorurteile bei einheimischen Bevölkerungsgruppen gegenüber den ausländischen Minderheiten und die Ressentiments der Minderheiten gegenüber den Einheimischen abgebaut werden. Der Umgang mit Ausländern in den Betrieben und Gemeinden kann gewissermaßen als Einüben neuer Einstellungen und Verhaltensweisen verstanden werden. Mit Recht wird das Thema „Ausländerbeschäftigung" in der Schule behandelt. (Hessisches Institut für Lehrerfortbildung 1970; *Wöhler*, 1966.)

Ein besonderes Gewicht haben die nicht allzu zahlreichen Veröffentlichungen, die auf empirischer Sozialforschung beruhen. Diese wurden entsprechend berücksichtigt.

4. Soziale Integration bedeutet nicht totale Anpassung

Soziale Integration der Ausländer in die Arbeitsgruppen, Betriebe und Gemeinden, wie sie vielfach vertreten, aber auch abgelehnt wird, erscheint schon aus humanitären Überlegungen begründet. Die Ausländer arbeiten mit uns und für uns, dann müssen wir sie auch am „reich gedeckten Tisch der BRD mitessen lassen".

Eingliederung in die Arbeitsgruppe ist etwas anderes als Integration in die betriebliche Sozialstruktur

Eingliederung in die Arbeitsgruppen ist ohnehin eine Notwendigkeit als Voraussetzung für ein beständiges, zuverlässiges und unfallfreies Arbeiten. Integration in das Sozialsystem Betrieb ergibt sich allerdings nicht so zwingend. Möglich ist, daß die Ausländer auf längere Sicht nur die unteren Ränge der betrieblichen Hierarchie besetzen. Aber den Anforderungen rationalen wirtschaftlichen Handelns entspricht eine volle Integration in die betriebliche Sozialstruktur, weil nur dann das Potential an Kenntnissen, Fähigkeiten und Einsatzbereitschaft voll genutzt werden kann. Zweifellos gibt es auch unter den Ausländern Befähigte zu Vorarbeitern, betrieblichen Vorgesetzten, Organisatoren und Managern. Mit dem Widerstand deutscher Arbeitnehmer ist allerdings zu rechnen.

Ausländische Arbeitnehmer als „Randgruppe" in unseren Gemeinden

Noch problematischer sieht es mit der sozialen Integration in die städtischen Gemeinden aus. Hier handelt es sich in erster Linie darum zu verhindern, daß sich eine aus Ausländern bestehende untere Grundschicht herausbildet, ständig wieder erneuert und verfestigt und als Randgruppe [1] isoliert.

Wir haben genug Randgruppen aus deutschen Bevölkerungsteilen und wissen, wie schwierig es ist, die Subkultur einer Randgruppe aufzulockern, um wenigstens den Kindern die Chance einer echten Selbstbestimmung über ihre spätere Lebensweise zu geben. Und wir wissen auch, was Randgruppen kosten. Die finanziellen Möglichkeiten der Großstädte reichen bei weitem nicht aus, um z. B. das bescheidene Ziel zu realisieren, den Kindern und Jugendlichen in den Obdachlosenvierteln eine normale Schulausbildung zu geben. Es ist vorhersehbar, daß Ausländer-Slums auf die Dauer für die BRD unerträglich wären. Die Kriminalität ausländischer Arbeitnehmer, jetzt noch niedrig im Vergleich mit derjenigen der

---

1 *Siewert* (1973) führt zwei Ursachen für die Randgruppenexistenz der ausländischen Arbeitnehmer an, einmal ihre Konfliktunfähigkeit, sodann ihre marginale Situation (d. h. zwischen zwei Kulturen lebend): „Normen- und Rollenkonflikte, Statusunsicherheit, Desorientierung und Isolierung, letztlich *extreme soziale Unsicherheit* sind die Konsequenzen dieser Randseitenstellung", S. 112. Anderer Ansicht sind die Verfasser des Arbeitsberichts des Stadtentwicklungsreferats München, S. 177.

Deutschen oder anderer Ausländergruppen auf deutschem Boden, würde steigen und könnte zu einer Gefahr für die Sicherheit der Bürger werden.

Soziale Integration und Anpassung

Bei der Integration kann es sich nur um das *Angebot einer gleichberechtigten und gleichverpflichtenden Teilnahme der ausländischen Arbeitnehmer an unserem gesellschaftlichen Leben* handeln. Wer das Angebot, aus welchen Gründen immer, ausschlägt, dem steht frei, isoliert von der einheimischen Bevölkerung zu leben.

Soziale Integration bedeutet nicht, daß sich die ausländischen Arbeitnehmer in ihrem Denken, Fühlen, Verhalten und ihren sonstigen Lebensgewohnheiten der Umwelt voll anpassen nach Art der Mimikry. Wie sollte das auch möglich sein, da es hierzulande glücklicherweise einen einheitlichen „Mischbrei" menschlicher Lebensgewohnheiten nicht gibt.

Anpassung im Betrieb an die Arbeits- und Betriebsordnung und die Einhaltung der Arbeitsrichtlinien und Unfallverhütungsvorschriften ist eine unausweichliche Notwendigkeit. Anders im privaten Lebensbereich. Hier können die Ausländer ihre Muttersprache, ihre Lebensgewohnheiten, Sitten und Gebräuche, ihre religiösen Überzeugungen und die Art und Weise ihrer Darstellung, ihre Erziehungspraktiken bei den Kindern, um nur einiges anzuführen, beibehalten oder variieren. Wohnen können sie als einzelne oder in kleinen Gruppen mitten unter der einheimischen Bevölkerung, in firmeneigenen Wohnheimen in der Nähe der Betriebe, aber auch in größerer Zahl unter sich in Stadtvierteln. Das letztere ist nur dann zu verwerfen, wenn die größeren geschlossenen Ansiedlungen vorwiegend in sanierungsreifen Bezirken liegen und es sich um Wohnungen handelt, die nach unseren Begriffen eigentlich nicht mehr bewohnbar sind.

Es sollte unterschieden werden zwischen der sozialen Integration einzelner und kleiner Gruppen sowie größerer Gruppen. Beide sind erst gelungen, wenn dem einzelnen aus der Zugehörigkeit zu seiner nationalen Minderheit irgendwelche Nachteile nicht entstehen, wenn ausländische Arbeitnehmer Zugang zu deutschen Freundeskreisen, Familien, Vereinen, Parteien, Ämtern, beruflichen und ehrenamtlichen Positionen, Einrichtungen wie Kindergärten, Schulen, Krankenhäusern, Sanatorien, Altersheimen, der Freizeitbeschäftigung, der Sozialhilfe haben, und zwar etwa im selben Umfang wie Deutsche.

Ob am Ende die Assimilierung, also das völlige Aufgehen in den deutschen Volkskörper steht – Eheschließungen mit deutschen Partnern, für die Kinder deutsch als Muttersprache –, oder ob sie ihre nationalen Eigenarten bewahren, das zu entscheiden soll ihnen selbst überlassen werden.

14

Soziale Organisation der BRD wird vielgliedriger, das Spektrum möglicher sozialer Rollen für die Bürger breiter

Die soziale Organisation der BRD wird, als Ergebnis einer die Integration begünstigenden Politik, vielgliedriger und vielgestaltiger sein. Die ganze „Palette" an möglichen und tatsächlichen Verhaltensweisen wird bunter, soziologisch ausgedrückt: Das Spektrum möglicher sozialer Rollen, die dem einzelnen sich anbieten, wird breiter. Damit kann eine Vergrößerung des Freiheitsspielraumes aller Bürger, der deutschen und der ausländischen, verbunden sein.

Es soll nicht übersehen werden, daß auf längere Sicht sich spezielle und somit zusätzliche soziale Konflikte ergeben werden. Die „Mechanismen" zur Regelung von Konflikten werden stärker beansprucht werden – im Gegensatz zu den 60er Jahren, in denen die Ausländerbeschäftigung gerade konfliktmindernd gewirkt hat. Die möglicherweise stärkere Konfliktbelastung ist jedoch keineswegs von vornherein nur als Nachteil zu sehen, da eine größere Anpassungsfähigkeit der sozialen Organisation an veränderte Umweltbedingungen damit verbunden sein kann.

Auf eine Schwierigkeit dieses Ansatzes sei hingewiesen. Eine solche Entwicklung erfordert Industrialisierung der Mittelmeerländer, damit die einseitige Richtung des „Menschenstromes" nicht die einzig möglich bleibt. Da unsere Wirtschaft, jedenfalls unter den gegebenen Bedingungen, zum Wachsen, zur ständigen Expansion „verdammt" ist, könnte das Bestreben entstehen, Arbeitskräfte aus weiteren außereuropäischen Ländern heranzuholen, wenn das Reservoir in den jetzigen Herkunftsländern erschöpft ist. Eine solche Entwicklung erscheint nicht sinnvoll. Offensichtlich gibt es, von der Bevölkerungsdichte und der Aufnahmefähigkeit des Bundesgebietes her, eine Obergrenze für die Zahl der ausländischen Arbeitnehmer.

Wertfreie Abhandlung des Themas „Ausländerbeschäftigung" ist nicht möglich. An subjektiven Stellungnahmen kommen wir nicht vorbei. Es gibt allerdings Zusammenhänge und Konsequenzen. Wer z. B. für Integration eintritt, muß auch Assimilierungsvorgängen zustimmen, d. h. Veränderungen in der Zusammensetzung und den Lebensweisen der Wohnbevölkerung. Das aber wird gerade von denen abgelehnt, die in einer (irgendwie) eigenständigen Entwicklung und Entfaltung des deutschen Volkstums als der Summe von Lebensweisen und Lebensgewohnheiten den Sinn eines geschichtlichen Auftrags erblicken. Diese beiden Positionen stehen sich unversöhnbar gegenüber.

5. Wanderarbeiter, Fremdarbeiter, Gastarbeiter –
Beständigkeit und Wandel sozialer Vorurteile

Größenordnungen

Angaben über zahlenmäßige Größenordnungen der Ausländerbeschäftigung in der ersten und zweiten Periode finden sich in den angegebenen Büchern. Die Zahlen gewinnen erst Aussagekraft, wenn sie untereinander in Beziehung gesetzt werden, z. B. Verhältnis der Zahl der ausländischen Arbeitnehmer zur Gesamtzahl der beschäftigten Arbeitnehmer, Beschäftigte in Wirtschaftszweigen, Gesamtzahl der Wohnbevölkerung und der Ausländer. Zu beachten ist auch, daß im Deutschen Reich die meisten Menschen polnischer Abstammung und mit polnischer Muttersprache als Reichsdeutsche galten, da es den polnischen Staat damals nicht gab.

Über die erste Periode der Ausländerbeschäftigung informieren: *Bodenstein* (1908), *Bredt* (1909), *Brepohl* (1948 und 1957), *Broesike* (1902), *Broszat* (1963), *Jüngst* (1908), *Knoke* (1911), *Linau* (1920), *Müller* (1929), *Sohnrey* (1894), *Trezinski* (1906), *Wachowiak* (1916). Der Zeitschrift des Königlich Preußischen Statistischen Landesamts, 47. Jahrgang, 1907, entnehmen wir die IV. Abteilung, Seite 313 bis 321, daß in Preußen am 1. 12. 1905 von 37 293 324 ortsansässigen Einwohnern 4 269 391 Menschen eine andere Muttersprache als deutsch angaben, weitaus die meisten von ihnen polnisch, masurisch oder kaschubisch. Es wurden an diesem Stichtag nur 524 824 Reichsausländer gezählt.

Stirn (1964) gibt einen Überblick über die Entwicklung in den beiden früheren Perioden der Ausländerbeschäftigung. Es finden sich dort auch Angaben über Fehlzeiten, Unfälle und Fluktuation.

Über die Bedingungen, unter denen ausländische und fremdstämmige Arbeitnehmer von 1880 bis 1918 leben und arbeiten mußten, die Beziehungen zwischen ihnen und der einheimischen Bevölkerung unterrichten ausführlich die schon genannten Bücher, zu denen noch hinzukommen: *Bernhard* (1908), *Ehrenberg* und *Gehrke* (1907), *Franke* (1936), *Großmann* (1892), *Kärger* (1890), *Polhl* (1908), *Renkel* (1914), *Schwenger* (1932), *Weber* (1892).

Die Polen im Deutschen Reich

Neubach (1969) hat ermittelt, daß 1885/86 rd. 30 000 polnische Katholiken und polnische Juden aus Preußen ausgewiesen wurden. Dazu Bismarck: „Wir wollen die fremden Polen los sein, weil wir an unseren eigenen genug haben." Diese Massenausweisungen, zu denen sich später noch andere diskriminierende Maßnahmen gesellten wie: Verbot der polnischen Sprache im Ruhrgebiet bei Versammlungen, um die polnischen Vereine zu treffen (1908), Berufsverbote und Beschäftigungsbeschränkungen für Polen, Einführung von Legitimationskarten (speziell für Polen in roter Farbe!), Einführung der sog. Karenzzeit vom 20. Dez. bis zum 1. Februar, in der polnische Landarbeiter Preußen verlassen mußten, um ein Seßhaftwerden zu erschweren.

Das Widersprüchliche dieser gegen die Polen gerichteten Politik lag vor allem darin, daß einerseits die Seßhaftwerdung der Polen im Westen verhindert werden sollte, andererseits die deutsche Siedlungspolitik in Posen dieses Ziel direkt durchkreuzte. Im Osten war die Landwirtschaft genauso auf die Menschen polnischer Abstammung angewiesen wie die Industrie im Westen. Man benötigte sie und wollte sie zugleich nicht haben. Menschen polnischer Muttersprache waren entweder Reichsdeutsche, wenn auch schlecht angesehen, oder aber mehr oder weniger unerwünschte Ausländer, je nachdem, ob sie aus den östlichen Provinzen des Reichs oder aus Rußland stammten.

Insgesamt waren die Folgen verhängnisvoll. Die im Westen des deutschen Reichs lebenden Polen wurden zu einer Abwehrfront gegen die neuen „Kreuzritter" *(Neubach)* zusammengeschweißt. Die Polen trugen den Haß nicht nur zurück in ihre Heimat, viele Auswanderer nahmen ihn mit nach Amerika und England.

Einstellungen, Argumente, Vorurteile

Die Einstellung der einheimischen Bevölkerung zu den Menschen polnischer Muttersprache war ambivalent:

Man betrachtete sie, nicht zuletzt wegen der Anspruchslosigkeit, als kulturell niedriger stehend. Für sie, so glaubte man, seien somit mit Recht die körperlich schweren Arbeiten bestimmt.

Die geringeren technischen und beruflichen Fähigkeiten wurden gern mit geringerer Intelligenz gleichgesetzt.

Als Hauptvorteil ihrer Beschäftigung wurde angesehen, daß sie in Zeiten guter wirtschaftlicher Konjunktur „bezogen" oder „importiert", wie es damals hieß, und in Zeiten schlechter Konjunktur schnell wieder abgeschoben werden konnten.

Viele Deutsche sahen in dem Zustrom der Ausländer eine nationale Gefahr für das deutsche Volkstum. Die Vermischung zwischen Deutschen und „Fremdstämmigen" wurde abgelehnt. Furcht vor Überfremdung hat viele der diskriminierenden Maßnahmen bestimmt.

In der Tatsache, daß die Menschen polnischer Muttersprache sehr bescheiden lebten und ihre Ersparnisse zum Teil ins Ausland zu ihren Familienangehörigen transferierten, wurde die Gefahr einer monetären „Ausblutung" der deutschen Volkswirtschaft gesehen. Kapital würde der Wirtschaft entzogen und diese dadurch geschwächt.

Vereinzelt findet sich der Gedanke, daß die Unternehmer durch den für sie bequemen Weg der Beschäftigung von Ausländern ihre Rationalisierungsanstrengungen vermindern könnten.

Die Befürchtung wird geäußert, die Ausländer könnten ihre in der deutschen Industrie erworbenen Kenntnisse und Fähigkeiten mit in andere Länder nehmen und dort zum Aufbau von Konkurrenzunternehmen verwenden.

Arbeitgeber klagten über die Unzuverlässigkeit der Polen, die sich vor allem in der großen Zahl der Arbeitsvertragsbrüche und der daraus mit resultierenden hohen Fluktuation äußerte. Entsprechend der damals vorherrschenden bürgerlich-liberalistischen Auffassung wurde der Kontraktbruch fast als kriminell angesehen.

Arbeiter und Gewerkschaftler erwarteten von dem Auftreten der Ausländer einen Druck auf die Löhne, sahen in ihnen also vielfach Konkurrenten am Arbeitsmarkt. Diese Einstellung wurde dadurch gefördert, daß die Ausländer Akkordarbeit bevorzugten, um in kurzer Zeit viel zu verdienen. Der Akkord wurde damals von den meisten deutschen Arbeitern abgelehnt („Akkord ist Mord"). Das Widersprüchliche lag darin, daß die deutschen Arbeiter zwar die unangenehmen Arbeiten gern den Ausländern überließen, in ihnen trotzdem Konkurrenten sahen.

Unschwer ist zu erkennen, daß diese Ansichten und Meinungen bis in unsere Zeit fortleben. Allerdings, und das ist einer der gravierenden Unterschiede zu damals, sind sie heute nur Meinungen unter vielen anderen. Die besser begründeten Gegenpositionen sind nicht mehr zu übersehen.

Gewiß kann hier nach Beständigkeit und Wandel sozialer Vorurteile gefragt werden. „Zwei Überstunden in der Woche, geleistet von jedem Arbeitnehmer in der BRD, würden 800 000 Fremdarbeiter entbehrlich werden lassen" (Henle). Meinungsumfragen ergaben eine, sicherlich nur verbale, Bereitschaft weiter Kreise der Arbeitnehmerschaft zu Überstunden mit der angegebenen Zielsetzung. Ins Gebiet der Vorurteile gehören diese Äußerungen, weil der Sinn des Wirtschaftens in der Bedürfnisbefriedigung und nicht im Ableisten von Mehrarbeit zur Verdrängung von ausländischen Arbeitern liegt.

Sie sind irreführend, weil verschwiegen wird, daß das Bruttosozialprodukt von morgen weniger durch Mehrarbeit als durch Investitionen vergrößert wird. Mehr Investitionen, verstärkte Kapitalintensivierung würden eine Verringerung des privaten Verbrauchs zugunsten der Investitionen erfordern. *Wer* auf Konsum verzichten soll, wird nicht gesagt.

Den polnischen Einwanderern blieb auf Grund ihrer rechtlich unsicheren Stellung in den gewerblichen und landwirtschaftlichen Betrieben oft keine andere Wahl, als sich den Anweisungen der Vorgesetzten fast bedingungslos zu fügen (oder wegzulaufen), was in der schlecht informierten deutschen Öffentlichkeit geringschätzig als slawische Unterwürfigkeit angesehen wurde. In dieser Hinsicht gibt es heute zu früher im allgemeinen keine Parallele. Die ausländischen Arbeitnehmer sind in anders strukturierte Betriebe eingetreten und konnten relativ schnell ihre Rechte und Möglichkeiten erkennen.

Die Frage einer möglichen Überfremdung der eigenen Kultur durch die

Ausländer beschäftigt besonders stark die Schweiz, die bei einer Gesamtbevölkerung von 6,3 Mio. rd. 1.1 Mio. Ausländer hat (1970). 1965 wurde von der Demokratischen Partei des Kantons Zürich das erste Volksbegehren gegen die Überfremdung eingereicht, das später allerdings zurückgezogen wurde. Es folgten 1969 und 1972 weitere drei Initiativen von der Nationalen Aktion und der Republikanischen Bewegung *(Schwarzenbach)* mit dem Ziel, den Anteil der ausländischen Wohnbevölkerung auf maximal 10 v. H. bzw. 12,5 v. H. zu beschränken. Das 1969 eingereichte Volksbegehren wurde 1970 knapp verworfen. Über die anderen wird möglicherweise noch abgestimmt werden. *Schwarzenbach* und seinen Anhängern geht es letztlich um die Erhaltung echter schweizerischer Lebensart. Er fordert neuerdings, nachdem er die radikale Herabsetzung der Zahl der Ausländer nicht durchsetzen konnte, daß diejenigen, die die Gastarbeiter beschäftigen, auch die Infrastrukturaufwendungen voll bezahlen sollen. Hier dient ein diskutables wirtschaftliches Argument zur Unterstützung politischer Bestrebungen zur Abwehr von Ausländern.

Diesen Initiativen, die vorwiegend von der Fremdenfurcht geleitet werden, stehen andere Bestrebungen gegenüber. Die Geschäftsleitung der Katholischen Arbeitnehmerbewegung (KAB) hat im September 1973 den Entwurf zu einem Initiativbegehren veröffentlicht, in dem eine „menschliche Neuordnung der Ausländerfrage" gefordert wird. Es geht den Initianten um Stabilisierung des Ausländerbestandes, rechtliche Gleichstellung der Ausländer in wirtschaftlicher und sozialer Hinsicht und gezielte Integrationsmaßnahmen. Das „Komitee Schweiz 80" fordert die Ersetzung der Rotationspolitik durch eine Eingliederungspolitik, die „den Ausländer am beruflichen, schulischen, kirchlichen und auch öffentlichen Leben des Einwanderungslandes, also der Schweiz, teilnehmen" läßt. Ein weiteres Ansteigen der erwerbstätigen Ausländer wird abgelehnt; die in der Schweiz anwesenden Ausländer sollen aber damit rechnen können, „hier zu bleiben und nicht von der Ausweisung bedroht zu sein". (Handbuch zur Ausländerpolitik, Komitee Schweiz 80, 8001 Zürich, Talstraße 83.)

Furcht vor der Konkurrenz durch die ausländischen Arbeitnehmer gibt es heute wie früher. Allerdings sind es jetzt nicht die Gewerkschaften, die sie nähren, sondern andere Gruppen. *Keller* sieht eine Gefahr darin, „daß die in unserem Lande (Schweiz) erworbene Befähigung zu solcher Qualitätsarbeit mit der Rückkehr der betreffenden Arbeitskräfte ins Ausland verpflanzt wird" (S. 350). Da mit Zunahme der internationalen Arbeitsteilung und des Außenhandelsvolumens der Wohlstand *aller* am Außenhandel beteiligten Volkswirtschaften steigt, kann *Kellers* Aussage nur als die eines einzelnen, auf Erhaltung seines Vorsprungs bedachten Unternehmers interpretiert werden.

Auch bei Ärzten finden wir Äußerungen der Furcht vor Konkurrenz. So schreibt *Radtke* im Deutschen Ärzteblatt, 14, 1971: „Die Tätigkeit der Ärzte aus Ländern der Dritten Welt nach Beendigung ihrer Ausbildung

aber sollte soweit wie möglich eingeschränkt werden, um spätere berufs-
politische Schwierigkeiten zu vermeiden und uns des Vorwurfs zu ent-
heben, wir würden durch Entzug wertvoller Fachleute die gesundheitliche Entwicklung von Ländern der Dritten Welt ernstlich behindern und
gefährden." Hier umhüllt sich ständisch-zünftlerisches Denken mit dem
Mantel der Moral!

Vorurteile gegenüber ausländischen Arbeitnehmern behandelt auch
Stirn (1964, S. 63 ff.). Es wird dort begründet, warum einige typische
Konflikte entstehen und sich verschärfen.

6. Nutzen-Kosten-Überlegungen, Infrastrukturprobleme

Nationalökonomen fragen nach den wirtschaftlichen Auswirkungen der
Ausländerbeschäftigung und dabei insbesondere danach, ob diese auch bei
mittel- und langfristiger Betrachtung vorteilhaft oder schädlich ist. Im
Vordergrund stehen die Wirkungen auf
- das wirtschaftliche Wachstum, also die Entwicklung von Bruttosozialprodukt *und* Lebensstandard,
- die Arbeitsproduktivität,
- die Konjunktur, die Preise und die Außenwirtschaft,
- die Infrastrukturinvestitionen, die als Folge der Ausländerbeschäftigung notwendig werden.

Die Fragen werden auf hohem Niveau behandelt von *Gnehm* (1966),
Höpfner/Ramann/Rürup (1973), *Hiss* (1965), *Keller* (1963), *Mehrländer* (1969, 2. A. 1972), *Rüstow* (1966), *Nikolinakos* (1973), *Salowsky/
Schiller* (1972), *Tuchtfeld* (1965), ferner in folgenden Zeitschriftenaufsät-
zen: *Föhl* (1967), *Harms* (1966), *Jöhr/Huber* (1968 und 1969), *Kruse*
(1966), *Nydegger* (1963), *Peters* (1972). Auf die Literaturangaben in den
Veröffentlichungen von *Höpfner* und *Mehrländer* wird verwiesen.

Mit Hereinnahme von Ausländern wird versucht, ein Ungleichgewicht
auf dem Arbeitsmarkt auszugleichen. Aber dadurch wird zugleich „die
Grenzeffizienz des Kapitals und damit die Investitionsneigung hochgehal-
ten ..., was sich wiederum verstärkend auf die Nachfrage nach Arbeitskräften auswirkt" S. 8, *Gnehm* (1966).

Föhl und *Rüstow* vertreten die Ansicht, daß die volkswirtschaftlichen
Nachteile der Ausländerbeschäftigung die Vorteile überwiegen. *Föhl* führt
u. a. an, daß der „Mehrwert" je Arbeiter etwa DM 5000 im Jahr (1966
geschrieben) erreiche, „während die Kosten der zum Einsatz eines Gastarbeiters erforderlich werdenden Investition, zumal dann, wenn auch ein
Ausbau der Infrastruktur ... notwendig wird, leicht das Zehnfache dieses Betrages überschreiten könne" (S. 123). Wegen der erforderlichen
zusätzlichen Investitionen sei auch eine stabilisierende Wirkung auf die

Preise nicht zu erwarten. Im Gegenteil, die Gastarbeiter brächten die Wirtschaft „in eine höchst unerwünschte konjunkturelle Lage" (S. 125). Auch die von vielen erwartete Hebung des Lebensstandards ist nach *Föhl* nur eine Fiktion. Infolge der Inbetriebhaltung veralteter Anlagen wird „die Zunahme der Prokopfproduktion beim Einsatz von Gastarbeitern kleiner sein als ohne diese" (S. 145).

Föhl dürfte sich durch den Preisauftrieb seit 1970 bestätigt sehen. Er sieht die von den Gastarbeitern erworbenen Kenntnisse und Fähigkeiten, die sie bei Rückkehr in die Heimat mitnehmen, als echten und wertvollen Beitrag der BRD zur Entwicklungshilfe. Wirksamer sei allerdings, in den Ländern zu investieren, die noch Arbeitslose haben. *Föhls* Darlegungen sind auch deshalb von besonderem Interesse, weil er am Beispiel der Ausländerbeschäftigung einen Widerspruch zwischen privatwirtschaftlich und gesamtwirtschaftlich rationaler Wirtschaftsführung aufzuzeigen versucht.

Ohne Gastarbeiter, das führt *Hiss* aus, würde der Druck auf die volkswirtschaftlichen Grenzproduzenten stärker werden, sofern diese nicht auf politischem Wege erhöhten Schutz vor dem verstärkten Wettbewerb fordern und durchsetzen könnten. Bei geschlossenem Arbeitsmarkt würde auch die Unternehmenskonzentration durch die beschleunigte steigende Kapitalintensivierung gefördert.

Wohl abgewogen sind die Aufsätze von *A. Kruse,* der u. a. den Einfluß auf die Lohnentwicklung behandelt. *Kruse* hält für möglich, daß auf mittlere Sicht die „Nachfrage nach Arbeit nochmals steigt". Somit hat auch er die Preisauftriebsentwicklung der letzten Jahre, soweit sie im Zusammenhang mit der Erhöhung der Zahl der Gastarbeiter auf über 2 Millionen steht, richtig vorhergesehen.

Politische Strategien im Hinblick auf verschiedene Zielsetzungen

Höpfner/Ramann/Rürup (1973), geben „einen langfristigen Orientierungsrahmen für alle Beteiligten" unter Berücksichtigung der „politischen, ökonomischen und sozialen Probleme", S. 7. Die Frage nach einer Obergrenze für die Zahl der ausländischen Arbeitnehmer in unserem Lande wird von ihnen zentral behandelt. „Das Schlüsselproblem liegt, so scheint es jedenfalls derzeit, in den Ballungsräumen", S. 92. Sie betrachten die Ausländerbeschäftigung als eine Optimierungsaufgabe und stellen Strategien im Hinblick auf verschiedene Zielsetzungen kritisch gegenüber. Je nach Zielsetzung (europäische Solidarität; Dominanz von Wirtschaftsinteressen; nationale Gastarbeiterpolitik unter Berücksichtigung raumordnender Maßnahmen; nationale Gastarbeiterpolitik im Sinne einer Verhinderung von Überfremdung) lassen sich unterschiedliche staatliche Maßnahmen ableiten. Sie vertreten die Ansicht, daß die dringend durchzuführenden Infrastrukturinvestitionen von der öffentlichen Hand, also aus Steuermitteln oder durch Verschuldung, zu übernehmen seien, nicht von den die Ausländer beschäftigenden Unternehmungen. Was die Höhe der

Aufwendungen für Infrastrukturinvestitionen angeht, stellen sie mit Recht fest, daß es nicht möglich ist, den Anteil herauszudividieren, der den ausländischen Arbeitnehmern eindeutig zuzurechnen ist.

Beachtung verdient auch die Studie von *U. Mehrländer* (1969, 2. A. 1972), die auf Primärmaterial beruht. Sie befaßt sich mit den Auswirkungen auf die Zahlungsbilanz, auf die Nachfrage nach und das Angebot an Konsum- und Investitionsgütern, auf die Struktur der Wirtschaft und die Produktivität. Sie kommt zum Ergebnis, „daß die ausländischen Arbeitnehmer einen Zuwachs am Bruttosozialprodukt bewirkt haben", der zu einer „Verbesserung der Güterversorgung" in der BRD beiträgt; S. 180.

Der wissenschaftliche Beirat beim Bundesministerium für Wirtschaft geht in seiner Stellungnahme vom 16. 3. 1974 davon aus, daß „die Beschäftigung von Ausländern in der BRD in den 60er Jahren sowohl für die deutsche Bevölkerung als auch die ausländischen Arbeiter überwiegend Vorteile gebracht" hat. Für die Zukunft sei „eine Verhinderung des Zustroms zusätzlicher ausländischer Arbeitskräfte für die BRD eher vorteilhaft als nachteilig". Die dadurch in einzelnen Bereichen aufkommenden Schwierigkeiten sind nach seiner Ansicht überwindbar, z. B. durch Veränderungen der Lohnrelationen und der Arbeitsbedingungen, um bisher unbeliebte Arbeitsplätze wieder für Deutsche attraktiv zu machen.

Zur Bremsung des Zustroms ausländischer Arbeitskräfte sollte u. U. erwogen werden, „die Kosten, die der deutschen Volkswirtschaft durch die Beschäftigung ausländischer Arbeitskräfte erwachsen und die nicht in gleicher Weise mit der Beschäftigung Deutscher entstehen, den jeweiligen Arbeitgebern oder den ausländischen Arbeitskräften selbst anzulasten".

Georg Sulzer, Präsident des Verwaltungsrats der Gebrüder Sulzer AG, Winterthur, ist der Ansicht, daß in der Schweiz eine starke Reduzierung der Zahl der beschäftigten Ausländer zu einer einschneidenden Produktionsverminderung und einer Verringerung der Zahl der Arbeitsplätze für Schweizer führen würde. Eine solche von ihm für möglich gehaltene Konsequenz versucht er, am Beispiel seines Großunternehmens darzustellen. Schweizerische Arbeitgeber-Zeitung, 21, 1974.

Ausländer machten nur relativ geringe Arbeitsplatzinvestitionen erforderlich

Offensichtlich war der volkswirtschaftliche „Nutzen" der ausländischen Arbeitnehmer deshalb recht hoch, weil Investitionen zur Schaffung neuer Arbeitsplätze nur in relativ geringem Umfang durch sie verursacht wurden: „Da die Gesamtzahl der Erwerbspersonen seit 1960 unverändert blieb, handelt es sich gesamtwirtschaftlich um Ersatzbedarf; für die Ausländer wurden also keine zusätzlichen, sondern allenfalls andere Arbeitsplätze geschaffen" *Kühl* (1974). *Salowsky/Schiller* (1972) befassen sich mit den Rückwirkungen auf das Wirtschaftswachstum und kommen ebenfalls zum Ergebnis, daß die Ausländer nicht nur das Bruttosozialprodukt, sondern auch den Lebensstandard in der BRD erhöht haben. Sie begründen das folgendermaßen: Arbeitsplätze waren großenteils vorhanden;. bessere Ausnutzung der vorhandenen Produktionskapazitäten; in schrumpfenden Wirtschaftszweigen „erleichterte die Mobilität der Gastarbeiter die notwendige Anpassung", S. 28.

Die Auswirkungen auf die gesetzliche Sozialversicherung werden sachkundig von *Hoernigk* (1965 u. 1971), *Mehrländer* und *Salowsky/Schiller* behandelt. Sozialrechtlich sind die ausländischen Arbeitnehmern den deutschen gleichgestellt. Die meisten ausländischen Arbeitnehmer sind in allen Zweigen des deutschen Sozialversicherungssystems versicherungs- und beitragspflichtig und haben Ansprüche auf Leistungen aus der Kranken-, Unfall-, Renten- und Arbeitslosenversicherung sowie auf Kindergeld. In der Rentenversicherung steht vorerst einem beachtlichen Beitragsaufkommen „nur eine relativ geringe Inanspruchnahme von Leistungen durch Ausländer gegenüber", S. 152, *Salowsky/Schiller*. Für die Zeit von 1961 bis 1971 ergibt sich in der Arbeiterrentenversicherung ein Überschuß der Einnahmen über die Ausgaben von etwa 19,4 Mrd. DM.

7. Wohnbevölkerung – Erwerbspersonen – Wirtschaftswachstum

Die Ausländerbeschäftigung darf nicht nur statisch betrachtet werden, sondern muß hineingestellt werden in die Entwicklungslinien der Wohnbevölkerung, der Erwerbspersonen und des Bruttosozialprodukts. Diese Größen hängen voneinander ab. Die Bevölkerungsentwicklung setzt Daten im Hinblick auf das Arbeitskräfteangebot und die Nachfrage nach Sachgütern und Dienstleistungen. Die Entwicklung der Arbeitsproduktivität und des Bruttosozialprodukts wird von den angeführten Größen, ferner von der Struktur der Bevölkerung, insbesondere der Erwerbsquote und dem Altersaufbau, der beruflichen Qualifikation der Arbeitnehmer und deren Leistungsbereitschaft, der Kapitalintensität und dem technischen Fortschritt beeinflußt. Kapitalintensität (wie *Oppenländer* u. a. nachgewiesen haben, wird die Arbeitsproduktivität zunehmend von dem Faktor „Kapitalintensität" gesteigert, vgl. Beihefte der Konjunkturpolitik, H. 18: Wirtschaftlicher und sozialer Wandel durch technischen Fortschritt. Berlin 1971) und technischer Fortschritt bedingen Investitionen in den Produktionsapparat und in die Infrastruktur.

Verringerung der deutschen Wohnbevölkerung, Schwankungen bei der Zahl der deutschen Erwerbspersonen

Die *deutsche* Wohnbevölkerung, die 1970 58,2 Mio. betrug, sinkt bis 1985 nach Schätzungen bei konstanter Geburtenhäufigkeit um etwa

1,5 Mio. auf 56,7 Mio. Bis 1995 verringert sie sich auf etwa 55,8 Mio. Falls der Geburtenrückgang nicht konstant bleibt, sondern sich vergrößert, verringert sich die Zahl der deutschen Wohnbevölkerung entsprechend stärker.

Die Zahl der *deutschen* Erwerbspersonen verringert sich bis 1975, von 1960 gerechnet, um rd. 2 Mio. auf 24,1 Mio. Von 1978 bis 1988 steigt sie um rd. 1 Mio. auf 25,1 Mio. Ab 1990 wirkt sich der Geburtenrückgang seit 1965 aus, und es ist mit sinkenden Zahlen zu rechnen. Das Angebot an deutschen Erwerbspersonen wird 1980 nicht höher sein als 1972.

Das erstmals 1972 registrierte Geburtendefizit von rd. 30 000 Personen wäre ohne die Geburten ausländischer Frauen wesentlich höher gewesen. Ende 1972 hatte die BRD 61,8 Mio. Einwohner. Der Anteil der 3,5 Millionen Ausländer an der Gesamtbevölkerung betrug 5,7 Prozent.

Bei einem jährlichen Wachstum des Bruttosozialproduktes von real 4,5 bis 4,7 Prozent, wie den Planungen zugrunde liegt, ergibt sich ein steigender Bedarf an ausländischen Arbeitnehmern, und zwar für 1977 etwa 2,84 Mio., 1980: 2,9 Mio., 1985: 3,2 Mio. Dadurch wird die demographische Lücke geschlossen, werden die zu erwartenden Ausfälle durch Arbeitszeitverkürzungen, verlängerte Aus- und Fortbildungszeiten und flexible Altersgrenzen ausgeglichen. Ein jährliches wirtschaftliches Wachstum von real 4 Prozent ließe sich nach Berechnung von *Klauder, Kühlewind, Schnur* und *Thon* (1974) mit der gegenwärtigen Ausländerzahl realisieren. Alternativen zur Ausländerbeschäftigung diskutiert *Mertens* (1974). Dabei handelt es sich u. a. um: Verringerung des wirtschaftlichen Wachstums von 4 bis 5 Prozent auf 3 bis 4 Prozent oder sogar nur 2 bis 3 Prozent; Produktionsverlagerungen ins Ausland; stärkeres Wachstum der Arbeitsproduktivität; Verzicht auf Arbeitszeitverkürzungen; inländische Arbeitskräftereserven erschließen.

Es gibt auch Prognosen, die einiges für sich haben, nach denen für die Zukunft ohnehin nur mit einem wirtschaftlichen Wachstum von unter 4 Prozent zu rechnen ist. Arbeitsproduktivitätsfortschritte lassen sich nämlich in dem anteilmäßig zunehmenden Dienstleistungsbereich weniger leicht realisieren als in der Produktion von Massengütern.

C.-F. v. Weizsäcker weist in „Die Zeit" vom 22. 2. 1974 auf Grenzen des Energieverbrauchs und damit des wirtschaftlichen Wachstums hin. „Aus thermodynamischen Gründen (darf) die umgesetzte Energiemenge nicht unbegrenzt gesteigert werden, weil die Wärme, die dabei in die Atmosphäre und Biosphäre gestrahlt wird, gefährlich werden könnte." „Nehmen wir beispielsweise an, daß sich der Energieverbrauch in jedem Jahrzehnt verdoppelt. Dann würden wir in 70 Jahren den Faktor hundert und in 100 Jahren den Faktor tausend erreichen. Ein Faktor hundert würde nach unseren jetzigen Schätzungen die Grenze des Erträglichen markieren. Der Faktor tausend wäre nicht mehr erträglich. Es bleiben uns also nur noch ein paar Jahrzehnte für mögliches Wachstum."

Die hier angesprochenen Zusammenhänge werden abgehandelt von

Kühl (1974), *Kühlewind/Thon* (1973), *Mehrländer* (1969, 2. A. 1972), *Salowsky/'Schiller* (1972), und in Wirtschaft und Statistik (12, 1971, 5, 1972, und 2, 1973).

8. Befristeter Aufenthalt durch gelenkte Rotation – Integration auf Zeit – Einbürgerung mit dem Ziel der Assimilierung?

Um die zurückgestellten und die jährlich notwendigen Infrastruktur-investitionen niedriger zu halten, wird seit einiger Zeit eine gelenkte oder erzwungene Rotation diskutiert. Die Aufenthaltsdauer soll für auslän-dische Arbeitnehmer aus Nicht-EG-Staaten auf etwa zwei Jahre befristet werden, um für sie z. B. den Nachzug von Familienangehörigen weniger attraktiv zu machen. Die Trennung von der Familie sei der Preis für den hohen Lohn hier. Diese Ansicht findet sich im „Arbeitgeber", 17, 1970, womit aber nicht gesagt werden soll, daß die Arbeitgeber die Einführung der Rotation unterstützen. Die Ständige Konferenz der Innenminister der Länder beschloß am 3./4. 6. 1965 in Berlin Grundsätze, die eine Fa-milienzusammenführung außerordentlich erschwert hätten, wenn die Ver-waltungen sie hätten durchführen können. Ich habe die Beschlüsse in „Arbeit und Leistung", 7, 1967, kritisiert.

Über die Höhe der auf Grund des Ausländerzuzugs anstehenden Infra-strukturinvestitionen gibt es nur vage Schätzungen. In Anlehnung an *Salowsky* kommen *Höpfner/Ramann/Rürup* auf höchstens 7,5 Mrd. für 1972. Dazu kämen noch etwa 20 000 DM für die Wohnungsbeschaf-fung für jeden neu einreisenden Ausländer.

Einer der ersten Befürworter einer gelenkten Rotation, *Papalekas* (1969), will auf diese Weise nicht nur „die Bildung einer paria-ähnlichen Schicht in Deutschland" verhindern, sondern auch den Mittelmeerländern Hilfe bei der Industrialisierung leisten. Zur Rotation soll der Kapital-export hinzukommen. (Zu den nur sehr begrenzten Möglichkeiten deut-scher Investitionen im Ausland vgl. *Mertens*.)

Für eine gelenkte Rotation treten diejenigen ein, die die „Krisenpuffer-funktion" der ausländischen Arbeitnehmer betonen. Ausländer, die erst einige Monate im Lande sind, können bei einem konjunkturellen Rück-gang leicht zur Rückkehr in die Heimat bewogen werden. Und schließlich findet sie auch Befürworter unter denen, die die Gefahr einer kulturellen Überfremdung sehen.

Von der Interessenlage her berührt die Frage: zwangsweise Rotation oder Freizügigkeit? Mindestens folgende Gruppen und Stellen:
– die ausländischen Arbeiter selbst und ihre deutschen Kollegen,
– Kommunen und Länder sowie die Steuerzahler, welche die öffent-lichen Ausgaben aufbringen müssen,

- Unternehmer und Arbeitgeber sowie deren Organisationen,
- Arbeitnehmervertreter, Arbeitnehmerorganisationen, u. nicht zuletzt
- die Politiker in den Mittelmeerländern.

Die ungelösten Infrastrukturprobleme sind eine Konsequenz des wirtschaftlichen Wachstums, der Steigerung des Lebensstandards und der Bevölkerungsverdichtung in den Ballungsräumen

Da die ausländischen Arbeitnehmer bis jetzt eine demographische Lücke ausgefüllt haben, wie im vorigen Abschnitt dargelegt wurde, ergibt sich, daß das Infrastrukturproblem nicht in erster Linie mit der Hereinnahme von Ausländern zusammenhängen kann. Es ist vielmehr eine Konsequenz der wirtschaftspolitischen Zielsetzung einer jährlichen Steigerung des Bruttosozialprodukts um mindestens 4 Prozent real, der größeren Ansprüche der Menschen als Folge des gestiegenen Lebensstandards und der Verdichtung der Bevölkerung in den industriellen Ballungsgebieten. Mit Hinweis auf die Ausländer versuchen Kommunalpolitiker der Großstädte ihr Unvermögen zu entschuldigen, die öffentlichen Aufgaben zufriedenstellend zu bewältigen.

Bei einer gelenkten Rotation würde zwar weniger Familienwohnraum beansprucht, es müßten aber mehr Wohnheime gebaut werden. In der Nähe der Fabriken und an den Rändern unserer Städte würde es, neben den Obdachlosenunterkünften, dann noch Massenquartiere für Ausländer geben. Was wir von der Beschaffenheit der firmeneigenen Wohnheime, die oft nur Baracken sind, wissen, ist wenig ermutigend. Bei einer Totalerhebung im Essener Raum haben *Hegselmann* und *Kühne* (Gewerkschaftliche Monatshefte 1, 1974, S. 49 f.) festgestellt, daß ein Viertel der Schlafräume unter der schon äußerst knapp bemessenen Norm von 6 qm pro Person blieben. In vielen Küchen fehlte sogar ein Wasseranschluß. Und die Hausordnungen, ein finsteres Kapitel übertriebener Ordnungssucht, erschwerten soziale Kontakte der Bewohner zur Außenwelt. *Zieris* (1972) hat festgestellt, daß „in 46 Prozent der Fälle eine Schlafraumfläche von 6 qm je Person nicht gegeben ist". „Ein Drittel der Bewohner besitzt außerhalb des Kleiderschrankes kein eigenes Fach für Lebensmittel." „In 30 Prozent der Betriebsunterkünfte ist der Zugang Fremden generell verboten, in 50 Prozent ist der Zugang eingeschränkt erlaubt und in 20 Prozent der Betriebsunterkünfte uneingeschränkt möglich" (S. 148 und 149).

Wie schon gesagt, glaubt *Papalekas*, durch gelenkte Rotation könne die Entstehung einer paria-ähnlichen Unterschicht verhindert werden. Es kann anders kommen, wenn man sich den Zustand der firmeneigenen Wohnheime vorstellt, aber auch daran denkt, daß „Arbeitnehmer auf Abruf" in den Betrieben zweifellos weniger Aufstiegschancen haben.

Erzwungene Rotation läßt sich mit den Zielsetzungen des Betriebsverfassungsgesetzes nicht vereinbaren, welches im § 75 „jede unterschiedliche Behandlung von Personen wegen ihrer . . . Nationalität . . ." verbietet und dem Betriebsrat auferlegt, „die Eingliederung ausländischer Arbeitnehmer im Betrieb und das Verständnis zwischen ihnen und den deutschen Arbeitnehmern zu fördern" *Halberstadt/Zander* (2. A. 1972).

Für die Betriebe ist die mit der Rotation verbundene Fluktuation, auch wenn sie vom Staat „verordnet" wird, ein Störfaktor, der zusätzliche Kosten und organisatorische Schwierigkeiten schafft. Sie möchten wenigstens mit einem Teil der Ausländer als Stammarbeiter rechnen.

Zwangsrotation widerspricht den Grundsätzen einer modernen Personalführung, deren Maßnahmen auf die Leistungsmotivation gerichtet sind und deren Ziel der interessierte, engagierte, mitdenkende Arbeitnehmer ist, der sich weitgehend mit den Aufgaben seiner Arbeitsgruppe identifiziert; *Stirn* (1974).

Die erzwungene Rotation ist auf Widerstand in der Öffentlichkeit gestoßen. Gegen das in einigen Bezirken Bayerns und Schleswig-Holsteins bereits angewandte Verfahren haben der katholische Arbeitskreis für Fragen ausländischer Arbeitnehmer beim Kommissariat der deutschen Bischöfe und der „Initiativausschuß ausländische Mitbürger" protestiert. Eine Reduzierung des Menschen auf seine Arbeitskraft würde nach Ansicht des Ausschusses einen „Rückfall in die schlimmsten Zeiten des Frühkapitalismus" bedeuten. Es sei noch verwiesen auf die Beiträge von *Henze, de Haan* und *E. Wolf* in „Arbeitsplatz Europa", herausgegeben vom Bildungswerk Europäische Politik (1966) und die Schrift „Kalkulierte Hetze" von *Müller*, herausgegeben von der Hessischen Landeszentrale für politische Bildung.

Da offensichtlich der Selbststeuerungsmechanismus unserer Wirtschaft nicht in der Lage ist, Ungleichgewichtigkeiten und schädliche Entwicklungen, z. B. eine weitere Verdichtung in den Ballungsräumen, zu verhindern, erscheinen Eingriffe des Staates unvermeidbar. In Betracht kommen, außer gelenkter Rotation, die allgemeine oder regionale Plafondierung, zeitweiliger Einreisestopp, wie er von der Bundesregierung im Herbst 1973 verfügt wurde, Erhöhung der Anwerbegebühren und Belastung der Unternehmungen mit einem Teil der Infrastrukturkosten. Welche Maßnahmen zu treffen sind, kann, wie *Höpfner / Ramann / Rürup* richtig sagen, erst entschieden werden, wenn eine Konzeption für die Ausländerbeschäftigung erarbeitet wurde, die längerfristige gesamtwirtschaftliche und -gesellschaftliche Zielvorstellungen und Beurteilungskriterien einbezogen hat.

9. Ausländische Arbeitnehmer in den Betrieben

Informationen vermitteln die jährlich von der Bundesanstalt für Arbeit als Sonderhefte ihrer Amtlichen Nachrichten herausgebrachten Erfahrungsberichte, die monatlich erscheinenden Amtlichen Nachrichten der Bundesanstalt für Arbeit, die Zahlen. Verordnungen und Richtlinien enthalten, die Repräsentativ-Untersuchungen der Bundesanstalt vom Herbst 1968 (vgl. Beilage zur ANBA 8, 1970) und vom März 1972, veröffentlicht im November 1973, ferner: die Studie des Frankfurter Instituts für Gemeinwohl (vervielfältigt 1973), Veröffentlichungen von *Borris* (1973), *Halbach* (1973), *Mehrländer* (1969, 2. A. 1972/1974), *Stirn* (1963, 1964, 1965, 1966, 1971, 1974), *Zieris* (1967, 1969, 1971, 1972), Unfallverhütungsbericht der Bundesregierung vom 16. 2. 1973, Der Arbeitgeber 5, 1973, mit Beiträgen von *Steinjahn, Huber, Grosse, Hoernigk* und *Leichsenring,* Informationen zur Ausländerbeschäftigung, herausgegeben von der Bundesvereinigung der Arbeitgeberverbände, Schweizerische Arbeitgeber-Zeitung 17, 1973 („Integrieren statt isolieren"), Der Spiegel 27 und 31, 1973. Ausführliche Literaturangaben enthalten *Wagner, Mehrländer* und *Stirn.*

Industriebetrieb und Großstadt sind die Stätten des Arbeitens und Lebens der meisten ausländischen Arbeitnehmer

Die Ausländer verteilen sich auf die Sektoren der Wirtschaft: In Betrieben der Land- und Forstwirtschaft und im Bergbau (primärer Sektor) arbeiten knapp 5 Prozent, im produzierenden Gewerbe (sekundärer Sektor) sind es mehr als 75 Prozent und im Dienstleistungsbereich, dem tertiären Sektor, knapp 20 Prozent.

Da seit 1960 die Beschäftigtenzahlen im produzierenden Gewerbe etwa gleich geblieben sind, in den Dienstleistungsbereichen jedoch um rd. 1,7 Mio. zugenommen haben, kann gefolgert werden, daß die einheimischen Arbeitnehmer die qualifizierteren Tätigkeiten für öffentliche und private Dienstleistungen bevorzugen und den Ausländern die weniger begehrten Arbeitsplätze in der Produktion und deren Hilfsbetrieben überlassen. Eine große Umschichtung hat stattgefunden.

Im Baugewerbe liegt die Ausländerquote mit 20 Prozent aller Beschäftigten am höchsten. Im übrigen verarbeitenden Gewerbe haben wir Ausländerquoten von 12 bis 15 Prozent. Die Ruhrkohle AG beschäftigt zur Zeit untertage etwa 18 000 Ausländer, vorwiegend Türken, bei einer Gesamtbelegschaft untertage von 90 000 (FAZ v. 16. 2. 1974).

Industriebetrieb und Großstadt sind die Stätten des Arbeitens und Lebens der ausländischen Arbeitnehmer, die selber meist vom Lande stammen.

In den Betrieben stellt sich das Problem der Eingliederung anders als in den Gemeinden. Der einzelne Ausländer muß in seine Arbeitsgruppe integriert werden und die Arbeitsaufgaben übernehmen, die ihm die Arbeitsteilung vorschreibt. Trotzdem ist *Wagner* zuzustimmen, wenn er in der „Studie zur sozialen und beruflichen Situation ausländischer Arbeitnehmer in der BRD", herausgegeben vom Institut für Gemeinwohl in Frankfurt, November 1973, schreibt, „daß von betrieblicher Integration bei Ausländern nur sehr eingeschränkt die Rede sein kann; im allgemeinen dürfte mit Integration wohl eher ein reibungsloses Sich-Einfügen gemeint sein, also eine äußerliche Anpassung..." (S. 5).

Arbeits- und sozialversicherungsrechtlich sind die Ausländer den Deutschen gleichgestellt

Arbeits- und sozialversicherungsrechtlich sind die ausländischen Arbeitnehmer ihren deutschen Arbeitskollegen völlig gleichgestellt. Das ist eine hoch anzuerkennende Leistung der deutschen Ministerialbürokratie! In Einzelfällen entstehen ausländischen Arbeitnehmern Nachteile wegen ihrer Rechtsunkundigkeit.

Die zwischenmenschlichen Beziehungen im Betrieb werden geregelt durch das Betriebsverfassungsgesetz (BVG), durch Tarifverträge, Betriebsvereinbarungen und Personalführungsgrundsätze. Hierbei handelt es sich um Normen für Entscheidungen, Maßnahmen und Verhaltensweisen, die allerdings nicht immer eingehalten werden.

Auf das BVG, dem die größte Bedeutung zukommt, wurde schon im vorigen Abschnitt hingewiesen. Seit 1972 sind auch die wahlberechtigten ausländischen Arbeitnehmer aus den Nicht-EG-Staaten in den Betriebsrat wählbar.

„Unterschichtung" deutscher Arbeiter

Die Ausländer haben, als sprachunkundige und industrieunerfahrene Neulinge, zunächst die unteren Positionen in der betrieblichen Hierarchie besetzt. Dadurch wurden die unteren Schichten der deutschen Arbeiter etwas angehoben. *Hoffmann-Nowotny* (1973) hat für die Schweiz ermittelt, daß die „Unterschichtung durch Einwanderer zu einer Erhöhung der Mobilitätschancen großer Teile der einheimischen Bevölkerung geführt hat", S. 57. Einheimische der Unterschicht werden durch den Druck von unten sozial nach oben geschoben. In seiner Studie kommt er sogar zu Größenangaben bezüglich der nach oben gerichteten Mobilität der Einheimischen.

Der Vorgang der „Unterschichtung" verringert die soziale Distanz zwischen oberen Arbeiterschichten und unteren Angestelltenschichten. Letztere sehen ihren sozialen Status dadurch bedroht und gehen in „Abwehrstellung", z. B. indem sie sich betont von Arbeitern abzuheben suchen.

Es sieht so aus, als ob viele deutsche Arbeiter diese Auswirkungen begriffen hätten. Nach den Ergebnissen einer Repräsentativerhebung des Instituts für angewandte Sozialwissenschaft (Infas) vom Mai 1973 urteilen gerade sie differenzierter und aufgeschlossener über ihre ausländischen Arbeitskollegen als die meisten anderen Bundesbürger.

Nur etwa 18 Prozent der ausländischen Arbeitnehmer waren 1972 als Facharbeiter tätig, 47 Prozent waren angelernte und der Rest ungelernte Arbeiter. (Repräsentativerhebung 1972 der Bundesanstalt für Arbeit). Da die Jugoslawen auf Grund ihrer besseren beruflichen Qualifikation zu 32 Prozent als Facharbeiter beschäftigt waren, ergeben sich bei den anderen Nationalitäten niedrigere Prozentsätze. Bei den als Facharbeitern eingestuften dürfte es sich (nach *Mehrländer*, 1973) um betriebsbezogen Qualifizierte handeln, die nicht mit deutschen Facharbeitern gleichzusetzen sind. Nur 2 Prozent sind nach *Mehrländer* als Vorarbeiter und Meister anzusehen. Griechische Facharbeiter gab es 1972 nur etwa 5 Prozent. Die Beteiligung an beruflichen Fortbildungsmaßnahmen ist – in realer Einschätzung der geringen Aufstiegschancen? – zurückhaltend. Der Anteil der ausländischen Arbeitnehmer, der 1971 in Bildungsmaßnahmen eingetreten ist, war mit 2,5 Prozent sehr niedrig. (Bundesanstalt für Arbeit: Förderung der beruflichen Bildung, Juni 1973).

Das Interesse ausländischer Arbeitnehmer an Sprachkursen für Deutsch wird allgemein als ziemlich gering bezeichnet. Als Gründe dafür lassen sich erkennen: die Ungewißheit über die Aufenthaltsdauer in der BRD, und zwar sowohl subjektiv als auch wegen des deutschen Ausländerrechts; das Bestreben, viel Geld zu verdienen, läßt sie jedes Überstundenangebot annehmen (in der Tat sind die von Ausländern geleisteten Überstunden beachtlich hoch); die Schulbildung ist zum Teil unzureichend; Griechen sind zusätzlich behindert, weil sie sich auf unsere ihnen fremde Schriftzeichen umstellen müssen. Wie einzelne Beispiele zeigen, lassen sich vom Betrieb organisierte Sprachkurse durchaus mit Erfolg durchführen.

Schon aus den relativ niedrigen Positionen, die die ausländischen Arbeiter in den Betrieben einnehmen, können wir auf Diskriminierungen schließen. Solche Diskriminierungen können sein: Einstufung in eine niedrigere Lohngruppe als der Arbeitsbewertung entspricht, Zuweisung von schweren, schmutzigen oder sonstwie unangenehmen oder sozial niedrig eingeschätzten Arbeiten, die von deutschen Arbeitern nicht mehr ausgeführt werden, Mißachtung im täglichen Umgang durch Vorgesetzte und Arbeitskollegen sowie ungerechtfertigte Anschuldigungen und Drohung mit der Kündigung. Aus der Gastarbeiterstudie des Instituts für Gemeinwohl ist zu ersehen, daß sich nur knapp 30 Prozent der Italiener selten oder nie als diskriminierend behandelt betrachtet. Von den Jugoslawen allerdings, die bessere Positionen einnehmen, betrachten sich 72 Prozent als selten oder nie diskriminiert. Vgl. hierzu auch *Borris* und *Mehrländer* (1974). *Mehrländer* ermittelte: „Die Mehrzahl der Befragten sieht sich jedoch vom Vorgesetzten mit den deutschen Arbeitskollegen nicht gleichgestellt.

Eine Gleichbehandlung nennen nur 37 Prozent aller Ausländer." Besonders bei der Arbeitseinteilung kommt es zu Diskriminierungen. „Das Verhältnis der ausländischen Arbeitnehmer und der deutschen Arbeitskollegen ist dagegen sehr positiv", S. 175.

Typische Verhaltensweisen lassen sich aus den heimatlichen Verhältnissen erklären

Das Verhalten der ausländischen Arbeitnehmer wird mitbestimmt durch die heimatlichen Verhältnisse, genauer ausgedrückt: die Art und Weise der Sozialisation. In den Heimatdörfern lebt man in engem Kontakt mit Verwandten und Freunden. Die Sippen- und Freundesbeziehungen sind stark ausgeprägt und bewirken nicht nur emotionale Zufriedenheit, sondern sind auch eine Art von Versicherung gegen die Wechselfälle des Lebens. Immer dann, wenn jemand eine Glückssträhne erwischt hat, läßt er seine Verwandten und Freunde daran teilnehmen. Gerät er in Not, erhält er von ihnen Hilfe. Die Solidarität der ausländischen Arbeitnehmer aus den Mittelmeerländern ist, als Folge der Familienbeziehungen, in erster Linie auf den Verwandtschafts- und Freundeskreis gerichtet. *Mühlmann* (1967), *Mühlmann/Llaryora* (1968), *Savramis* (1972). Das hat für das Verhalten bei uns Konsequenzen:

1. Sie lassen sich schwerer als Deutsche organisieren. So sind, nach den Untersuchungen von *Mehrländer,* nur etwa 30 Prozent Mitglied einer Gewerkschaft. Andere Schätzungen rechnen mit einem Organisationsgrad von knapp 20 Prozent. Zwar sind von den deutschen unselbständig Beschäftigten (Arbeiter, Angestellte, Beamte) nur etwa 30 Prozent organisiert, aber der Organisationsgrad der deutschen Arbeiter in den Betrieben mit hohem Ausländeranteil dürfte wesentlich höher liegen. Verständnis für die Aufgaben der Gewerkschaft und Bereitschaft zur Mitarbeit gewinnen sie erst „nach einer längeren Aufenthaltsdauer und Gewöhnung an die neuartigen Arbeits- und Lebensbedingungen". Auch der organisierten Freizeitbeschäftigung unter gutgemeinten Gesichtspunkten der Sozialbetreuung stehen sie oft skeptisch gegenüber.

2. Wenn der Ausländer aus den Mittelmeerländern etwas erreichen will, versucht er, wie er es von zu Haus gewöhnt ist, persönliche Beziehungen ins Spiel zu bringen. Er bemüht sich, Beziehungen zu gewinnen, und der Dolmetscher ist für ihn eine solche Mittelsperson.

3. Ausländische Arbeitnehmer aus den Mittelmeerländern sind auf eine persönliche Atmosphäre eingestellt und wohl auch angewiesen. Sie reagieren stark auf persönliche Ansprache. Der personenorientierte, nicht der aufgabenorientierte Vorgesetzte entspricht ihrer Mentalität. *Stirn* (1964).

4. Die Verbundenheit mit der Sippe zeigt sich an den Geldüberweisungen in die Heimatländer, die 1973 bei einem geschätzten Nettoeinkommen der rd. 2,5 Mio. ausländischer Arbeitnehmer von 34 Mrd. DM etwa 8,5 Mrd. DM betrugen (Monatsberichte der Deutschen Bundesbank, April 1974.)

In der BRD hatten sie – neben dem laufenden Geldtransfer – mehr als 4,3 Mrd. angelegt. Diese hohe Sparleistung setzt eine bescheidene Lebensführung voraus.

Die Bundesvereinigung der Deutschen Arbeitgeberverbände hat für betriebliche Vorgesetzte eine Serie herausgebracht, die über die ausländischen Arbeitnehmer und ihre Heimatländer informieren will. Es liegen vor: Merkblätter über Türken, Griechen und Jugoslawen.

Krankenstand

Im allgemeinen haben sie sich an unsere nüchterne, unpersönliche Betriebsatmosphäre angepaßt. Sie hatten keine andere Wahl. Schwierigkeiten gibt es bei der Urlaubsregelung. Der normale Tarifurlaub von etwa vier Wochen ist für viele zu kurz, schon weil die Hin- und Rückfahrt mehrere Tage in Anspruch nimmt. Urlaubserschleichungen und Urlaubsübertretungen kommen vor. Der illegale Streik bei Ford, Köln, wurde ausgelöst durch Kündigungen wegen Urlaubsüberschreitung. Manche Betriebe geben einige Tage unbezahlten Urlaub zusätzlich und stellen sich damit auf die Belange ihrer ausländischen Mitarbeiter ein. Der Vorgesetzte, der zu seinen ausländischen Arbeitnehmern ein persönliches Verhältnis herstellen konnte, wird selten durch Urlaubsüberschreitungen enttäuscht. Anders ist es mit Urlaubserschleichungen. Wenn ein Ausländer von seiner Familie zurückgerufen wird zu einer dringenden Besprechung, so kann er sich dem Ruf schwerlich entziehen. Da es nur in seltenen Ausnahmefällen Sonderurlaub geben kann, denn die Urlaubspläne liegen fest, bleibt oft keine andere Wahl als einen Sonderfall, z. B. schwere Erkrankung eines Familienangehörigen, vorzutäuschen, eine List, die nach den Auffassungen der Menschen aus den Mittelmeerländern durchaus erlaubt ist. Aus dieser Sicht sollten die „Urlaubserschleichungen" nicht als Betrug eingestuft werden.

Häufigkeit und Dauer krankheits- und unfallbedingter Fehlzeiten sind unterschiedlich. In einigen Betrieben sind die Krankmeldungen der ausländischen Arbeitnehmer häufiger, in anderen niedriger im Vergleich mit den Deutschen. Da die Ausländer in guter körperlicher Verfassung sind und sich altersmäßig in den „besten Jahren" befinden, liegt der Schluß nahe, daß es sich bei ihren Krankheiten vorwiegend um psychosomatische Störungen handelt. Der Magen ist in der Tat häufig das „Erfolgsorgan", ebenfalls der Kreislauf. Damit soll nicht die Ernsthaftigkeit der Erkrankungen abgesprochen werden, vielmehr ein Hinweis auf die Ursachen gegeben werden. Der Krankenstand der ausländischen Arbeitnehmer, der insgesamt gesehen etwas niedriger liegt als der der Deutschen, erhält so einen besonderen Aussagewert über das psychische Befinden. Darüber hinaus spiegelt er die Lebenssituation wider. W. *Kellner* (1974) hat festgestellt, daß Türkinnen, deren Kinder sich fern von ihnen in der Heimat befinden, auffallend häufiger krank sind als Türkinnen, deren Kinder bei ihnen sind.

Arbeitsunfälle

Eine besondere Art der Fehlzeiten sind diejenigen, die auf Arbeitsunfälle zurückzuführen sind. Die Unfallhäufigkeit, gemessen an der Zahl der angezeigten Arbeitsunfälle je 1000 Versicherte der ausländischen Arbeitnehmer, liegt wesentlich höher als die der Deutschen. 1970 kamen auf 1000 ausländische Versicherte 219 angezeigte Arbeitsunfälle; bei den Deutschen waren es 87.

Diese Zahlen verleiten leicht zu Fehlschlüssen. Wenn man die Unfallhäufigkeit deutscher und ausländischer Arbeitnehmer auf *vergleichbaren* Arbeitsplätzen vergleicht, ergibt sich bereits eine Annäherung der Zahlen. Denn die Ausländer sind überwiegend auf Arbeitsplätzen mit höherem Unfallrisiko eingesetzt. Auch müßte die Zeit der Betriebszugehörigkeit und der Industrieerfahrung mit berücksichtigt werden. Neulinge sind im Betrieb unfallgefährdeter als Erfahrene, und die Ausländer sind in großer Zahl Neulinge. Ebenfalls zu berücksichtigen sind die Überstunden, die von Ausländern so gern geleistet werden und das Risiko vergrößern. Auch ist anzunehmen, daß die größere Arbeitsbelastung durch Mehrarbeit die Unfallhäufigkeit steigert. Die Unfallhäufigkeit der ausländischen Arbeitnehmer unterscheidet sich nicht auffällig von der der deutschen Arbeitnehmer.

Die Ausländer sind möglicherweise öfter in leichte Unfälle verwickelt als ihre deutschen Arbeitskollegen. Für 1970 und 1971 haben einige Berufsgenossenschaften festgestellt, daß die Zahl der erstmals entschädigten Arbeitsunfälle bei ihnen nur etwa halb so hoch ist wie bei den Deutschen.

Zu diesen Ausführungen vgl. Unfallverhütungsbericht der Bundesregierung vom 16. 2. 1973, *Leichsenring* (1972).

Ausländische Frauen

Eine Sonderstellung nehmen die ausländischen Frauen ein, weil die Erziehung der jungen Mädchen in den Mittelmeerländern traditionell auf Familie und häusliche Wirtschaft und nicht auf einen Beruf ausgerichtet war. Die Schulbildung der Frauen ist demzufolge im Durchschnitt etwas geringer als die der Männer. Die Arbeitsplätze sind auf die körperlichen Durchschnittsmaße der deutschen Frauen abgestimmt, so daß die etwas kleineren ausländischen Frauen gelegentlich unter Bedingungen arbeiten müssen, die nicht ihrem physiologischen Habitus entsprechen.

Die ausländischen Frauen haben es, zumindest anfangs, schwerer als die Männer. Deshalb stellen sich bei ihnen auch öfter als Reaktion gesundheitliche Beschwerden ein wie Magenschmerzen, Herz- und Kreislaufstörungen, Kopfschmerzen. Ist die Anpassung einigermaßen gelungen, folgt meist eine Zeit guter Arbeitsleistungen. Die angebliche Wehleidigkeit der Frauen aus den Mittelmeerländern ist eine Fabel, die ihren Ursprung in den für unsere Begriffe manchmal ungehemmten Temperamentsausbrüchen hat.

Arbeitsmedizin, Arbeitspsychologie

Die problematische medizinische Versorgung der ausländischen Arbeitnehmer wurde von *Pflanz* gesehen, auf dessen Initiative 1973 ein Symposion in Hannover über das Thema stattfand. Vgl. *Albrecht* (1973). Beiträge lieferten *Nesswetha* (1964, 1969, 1971, 1972), *Pflanz/Hasenknopf/Costas* (1967), *Trinks* (1973). *Ehring* und *Obst* diskutieren in Deutsches Ärzteblatt 42, 1973, „Wege zur Integration des Gastarbeiters im Krankenhaus", wobei der ausländische Arbeiter als Patient gemeint ist. *Jensch* und *Schneider* (1971) haben deutsche und ausländische Verkehrsteilnehmer verglichen. Der arbeitspsychologische Aufsatz von *Billenkamp* (1966) darf nicht übersehen werden. *Kellner* (1974) ermittelte, daß ausländische Frauen im Vergleich zu deutschen Frauen häufiger eintönige Arbeiten bevorzugen. Er erklärt dies damit, daß die Ausländerinnen die unteren Stufen der Bedürfnishierarchie nach *Maslow* noch nicht befriedigen konnten und somit das auf Geldverdienen gerichtete Streben stärker in Erscheinung tritt.

Karcher empfiehlt, die sogenannte Arbeitsstrukturierung, das heißt, die Bildung von teilautonomen kleinen Arbeitsgruppen im Betrieb, auch für Gastarbeiter anzuwenden. Davon verspricht er sich nicht nur größere Arbeitszufriedenheit und geringere Fluktuation und Fehlzeiten, sondern auch bessere Bedingungen für die soziale Integration der ausländischen Arbeitnehmer ganz allgemein. Die Überlegung ist richtig, wenn man von gemischten Kleingruppen ausgeht, in denen die sozialen Kontakte zwischen Deutschen und Ausländern während der Arbeit erheblich vergrößert worden sind. (Arbeitsstrukturierung – auch für Gastarbeiter? REFA-Nachrichten, 27, 1974.)

Im April 1972 wurden vom Bundesministerium für Arbeit und Sozialordnung neue „Grundsätze zur Eingliederung ausländischer Arbeitnehmer und ihrer Familien" verabschiedet. Beim Goethe-Institut in München wurde ein neuer Sprachlehrfilm für Ausländer hergestellt. Das Bundesministerium gibt seit 1972 die Zeitschrift „Arbeitsplatz Deutschland" heraus, die vierteljährlich in sechs Sprachen erscheint.

10. Ausländische Arbeitnehmer als Mitbürger in den Gemeinden

Die soziale Lage der ausländischen Arbeitnehmer und ihrer Familienangehörigen in den Städten ist Gegenstand folgender Veröffentlichungen, die auf empirischer Sozialforschung beruhen: *Bingemer/Meistermann-*

Seeger/Neubert (1970), *Borris* (1973), *Braun* (1970), *Hoffman-Nowotny* (1973), Institut für Gemeinwohl (1973), *Mehrländer* (1969, 2 A. 1972, 1973, 1974), *Zieris* (1972). Größere Literaturzusammenstellungen enthalten *Bingemer/Meistermann-Seeger/Neubert*, Institut für Gemeinwohl, und *Mehrländer*.

Ferner wird hingewiesen auf *Delgado* (1972), *Krumsiek/Lenz/Wimmer* (1971), *Peters* (1972), die Leitlinien der Bundesregierung zur Ausländerbeschäftigung vom 6. 6. 1973 (Das Parlament 24, 1973), „Hinweise zur Hilfe für ausländische Arbeitnehmer", herausgegeben vom deutschen Städtetag, Köln 1971, Schrift Nr. 6, Raumordnungsbericht der Bundesregierung von 1972 und die Bibliographie „Ausländische Arbeitnehmer in der BRD" des Bundesministeriums für Arbeit und Sozialordnung, Stand Januar 1973. Anerkennung verdienen die „Maßnahmen zur Eingliederung ausländischer Arbeitnehmer", herausgegeben vom Ministerium für Arbeit, Gesundheit und Soziales des Landes Nordrhein-Westfalen, sowie die „Informationen für ausländische Arbeitnehmer in Hessen", herausgegeben vom Hessischen Sozialminister, die in mehreren Sprachen vorliegen, auch in Deutsch.

Außer Köln (vgl. *Bingemer/Meistermann-Seeger/Neubert*) und Frankfurt (vgl. *Borris*) haben auch andere Städte die Ausländerprobleme studieren lassen, u. a. Hamburg (Senat der Freien und Hansestadt Hamburg 1971), Mainz (Stadtverwaltung Mainz 1974) und München (Stadtentwicklungsreferat München 1972). *Sasse/Kempen* (1974) befassen sich mit Problemen der politischen Teilintegration der Ausländer.

Bevölkerungsstagnation in den Großstädten — Bevölkerungszunahme im Umland der größeren Städte

Von 1961 bis 1970 hat sich die Bevölkerungszahl in der BRD einschließlich Berlin (West) um 4,5 Mio. erhöht. Das höchste Bevölkerungswachstum weisen nicht die Großstädte auf, sondern die zu den Verdichtungsräumen gehörenden Landkreise. Die Bevölkerungsstagnation oder sogar -abnahme in den Großstädten der Verdichtungsräume und Bevölkerungszunahme im Umland der größeren Städte wird teilweise überlagert durch die starke Zuwanderung ausländischer Arbeitnehmer in die Städte [2]. In nur 11 Arbeitsamtsbezirken (Darmstadt, Düsseldorf, Frankfurt, Göppingen, Hamburg, Köln, Ludwigsburg, München, Nürnberg, Solingen, Stuttgart) waren 1972 mehr als ein Drittel der damals in der BRD ansässigen ausländischen Arbeitnehmer registriert. Von den Ende September 1973 in der BRD ansässigen vier Millionen Ausländern lebten

---

[2] „Innerhalb der Verdichtungsräume ist eine anhaltende Abwanderung der Bevölkerung aus den Kernstädten, insbesondere aus den Innenstädten, in das Umland zu beobachten. Es wandern bevorzugt junge Familien und wirtschaftlich stärkere Bevölkerungsgruppen ab. Die Alten und sozial Schwachen bleiben zurück. Freiwerdender Wohnraum wird in einer Übergangszeit bevorzugt mit Ausländern belegt. Später folgt ein Ersatz durch gewerbliche Nutzung oder teuere Kleinwohnungen." Raumordnungsbericht 1972 der Bundesregierung, S. 166.

45 Prozent in den Großstädten. In Offenbach war der Ausländeranteil mit 19 Prozent am höchsten, es folgten München, Frankfurt und Stuttgart mit 17 bzw. 16 Prozent. Etwa 50 Prozent aller Ausländer leben auf nicht ganz 4 Prozent der Fläche der BRD. Von der gesamten Wohnbevölkerung sind 45 Prozent auf 7 Prozent der Fläche konzentriert. Die Zahl der unter 21 Jahre alten Kinder ausländischer Arbeitnehmer wird auf rd. 850 000 geschätzt. Diese Schätzung ist allerdings sehr ungenau; im Bericht des Stadtentwicklungsreferats München (1972) sind die Gründe dafür dargelegt worden.

Infrastruktur ist in den Ballungsräumen überfordert

Die Großstädte stehen vor schier unlösbar erscheinenden Infrastrukturproblemen. „Gelingt hier eine wohlabgestimmte Dämpfung der weiteren Hereinnahme von ausländischen Arbeitskräften, dürften mögliche Spannungsherde auch im gesamtwirtschaftlichen und -gesellschaftlichen Bereich reduziert werden." *(Höpfner/Ramann/Rürup.)* „Die Zulassung ausländischer Arbeitnehmer in überlasteten Siedlungsgebieten soll von der Aufnahmefähigkeit der sozialen Infrastruktur abhängig gemacht werden", heißt es in den Leitlinien der Bundesregierung vom 6. 6. 1973. Am 23. 11. 1973 wurde die Zuwanderung ausländischer Arbeitnehmer aus Nicht-EG-Staaten auf Anordnung des Bundesministers für Arbeit und Sozialordnung unterbrochen. Äußerer Anlaß waren die Schwierigkeiten in der Energieversorgung. Die Vermittlungsgebühr, die für die Anwerbung eines ausländischen Arbeitnehmers an die Bundesanstalt für Arbeit zu zahlen ist, wurde vorher schon von DM 300 auf DM 1000 erhöht. Auch haben Personen, die Ausländer illegal vermitteln oder beschäftigen, in Zukunft höhere Strafen zu erwarten.

Engpässe in der sozialen Infrastruktur in den Verdichtungsräumen gibt es beim Wohnen, bei der Versorgung mit Kindergartenplätzen, der vorschulischen und schulischen Erziehung, der beruflichen Bildung, der sozialen Betreuung und Beratung sowie der medizinischen Versorgung. Dabei ist zu berücksichtigen, daß die Anforderungen an Infrastruktureinrichtungen und Wohnungen ohnehin mit steigendem Lebensstandard wachsen.

Die „Gesundheitsvor- und -fürsorge für ausländische Arbeitnehmer" ist das Thema eines Aufsatzes von *Albrecht* (Der praktische Arzt 4, 1973). „Der ausländische Arbeitnehmer in der Kassenarztpraxis" wird von *Sedlaczek* im Deutschen Medizinischen Journal 12, 1972, behandelt.

Das Deutsche Ärzteblatt (24, 1973) fragt, „ob es zweckmäßig wäre, spezielle Zulassungen für Ausländerpraxen entsprechend den jeweiligen Nationalitäten zu erteilen". Nach Inkrafttreten der EG-Richtlinien über die freie Niederlassung von Ärzten werden z. B. italienische Ärzte die Möglichkeit haben, sich im Bundesgebiet niederzulassen.

Ausländer sind auch als Ärzte tätig. Von den angestellten Krankenhausärzten sind etwa 20 Prozent Ausländer. Seit 1969 werden von Fall zu Fall ausländische Ärzte als Kassenärzte in freier Praxis zugelassen. In Nordrhein-Westfalen wurden etwa 80 „vordringlich zu besetzende" Kassenarztsitze mit ausländischen Ärzten besetzt. Diese Kassenarztsitze sind auf dem Lande oder in Stadtrandgebieten und werden von deutschen Ärzten nicht begehrt. So helfen ausländische Ärzte mit, den Sicherstellungsauftrag der Kassenärztlichen Vereinigungen zu erfüllen. Wir können darin aber auch den Vorgang einer „Unterschichtung" des ärztlichen Berufsstandes sehen.

Die freie ärztliche Berufsausübung in der BRD setzt die deutsche Approbation voraus, die grundsätzlich nur deutschen Staatsangehörigen oder gleichgestellten heimatlosen Ausländern erteilt wird. In wenigen Sonderfällen wurde ausländischen Ärzten die Approbation erteilt, häufiger erhalten sie nach § 10 der Bundesärzteordnung die Erlaubnis zur vorübergehenden ärztlichen Berufsausübung. Der ausländische Arzt kann nur den ihm zugewiesenen Kassenarztsitz, für den ein deutscher Arzt nicht zur Verfügung steht, besetzen. Die Erlaubnis wird von Jahr zu Jahr verlängert – sofern die Verhältnisse sich nicht geändert haben, d. h. deutsche Ärzte vorhanden sind. Der unsichere Stand dieser Ärzte bedarf dringend einer Änderung! In Nordrhein-Westfalen bemüht man sich auch, ausländische Ärzte in einem Vertreterpool zusammenzufassen, um deutschen Landärzten Zeit für Urlaub und Fortbildung zu geben.

Familienzusammenführung

„Die Familie ist das integrativste Mittel überhaupt" (S. 192), schreiben *Bingemer/Meistermann-Seeger/Neubert* in der schon mehrfach erwähnten Untersuchung der Kölner Verhältnisse, deren zentrales Thema die gelungene oder nicht gelungene Integration ist. Die Familien sollten so großzügig und so schnell wie möglich zusammengeführt werden. Die Funktion der Familie kennzeichnet *Horstmann* (1969) folgendermaßen: „Von dem Faktor Familie hängt vieles bei der Anpassung ab. Die Wanderung im Familienverband mag manche wirtschaftlichen und organisatorischen Schwierigkeiten (bei der Wohnungsfrage z. B.) mit sich bringen, sie schützt jedoch vor Vereinzelung; sie kann aber auch die Abkapselung erleichtern und die Anpassung erschweren." (S. 58.)

Diejenigen, die für Familienzusammenführung eintreten, verlangen, daß die Wohnungsbaumaßnahmen, zu denen natürlich noch andere kommen, wie Schulen, Kindergärten, öffentliche Verkehrseinrichtungen, nicht zurückgestellt werden. *Meenzen* stellt im Handelsblatt vom 27. 4. 1971 fest, daß für die Integration auch dann etwas getan werden muß, wenn sich herausstellen sollte, daß die Ausländerbeschäftigung wirtschaftlich nicht mehr sinnvoll ist.

Für Familienzusammenführung treten auch diejenigen ein, die ein Ansteigen der Kriminalität durch die vielen ledig gehenden Menschen befürchten. Offensichtlich ist die Kriminalität unter den ausländischen Arbeitnehmern geringer als unter vergleichbaren einheimischen Bevölkerungsgruppen – an der Ausländerkriminalität sind vor allem andere Gruppen von Ausländern beteiligt –, aber auf längere Sicht gesehen kann sich das ändern. Denn zweifellos sind männliche Gastarbeiter, die von ihren Familien getrennt leben müssen, anfälliger für sozial abweichende Verhaltensweisen. Vgl. Bundesvereinigung der Deutschen Arbeitgeberverbände (1966) sowie die Kriminalstatistik der Städte und Länder.

In der vom Deutschen Städtetag herausgegebenen Schrift „Hinweise zur Hilfe für ausländische Arbeitnehmer" (Köln-Marienburg 1971) wird zwar die Integrationspolitik vertreten, aber trotzdem soll der Zuzug von Familienangehörigen unterbunden werden, wenn Wohnungen für die ausländischen Familien nicht vorhanden sind. Der Deutsche Städtetag macht es sich einfach, indem er davon ausgeht, daß die Arbeitgeber die zusätzlich benötigten Wohnungen finanzieren. Über die Zuweisung von Sozialwohnungen an Ausländer finden wir nichts. Der Bau von Einfachwohnungen wird abgelehnt, ebenfalls die Zusammenziehung in Vierteln, also Gettobildung.

Haupthindernis der Familienzusammenführung ist der Mangel an einfachen Wohnungen. Das Stadtentwicklungsreferat München hat errechnet, daß in München 2,5 Mrd. DM zur Wohnraumbeschaffung für diejenigen Ausländer, die zur Seßhaftwerdung neigen, aufgebracht werden müßten; die Hälfte davon ginge zu Lasten der Ausländer über Mieten. Allerdings wird mit einem Anteil von 40 bis 50 Prozent Ausländern, die dauernd ansässig werden wollen, gerechnet. Der Anteil ist wahrscheinlich zu hoch [3]. In München erhalten ausländische Arbeitnehmer nur selten öffentlich geförderte Wohnungen zugeteilt. Die Wartefrist für sie beträgt 10 Jahre.

Als Beispiel: „Ausländerprogramm" der Stadt München

In München wurde vom Stadtentwicklungsreferat ein „Ausländerprogramm" (20. 2. 1974) erarbeitet, das Wege zeigen will, wie die Zielsetzungen der Ausländerstudie von 1972 verwirklicht werden können. Die vorgeschlagenen oder zur Diskussion gestellten Maßnahmen betreffen: Anwerbung und Arbeitsplatzwechsel, Familienzusammenführung, Information und Betreuung, Öffentlichkeitsarbeit, Wohnen, schulische und vorschulische Erziehung, Sprachbildung, Gesundheitsvorsorge, Freizeit, Erleichterung der Rückkehr. Nur ein Teil der Maßnahmen fällt in den Zuständigkeitsbereich der Stadt, der andere in den von Land und Bund. „Ohne Dämpfung weiteren Zuzugs ist eine bessere Versorgung der bereits ansässigen integrationsfähigen und -willigen ausländischen Arbeitnehmer nicht möglich." (S. 8.) Stichwortartig seien einige der Empfehlungen aufgeführt: Zuzugsgenehmigungen nur dann, wenn Infrastruktur dies zuläßt: Richtwerte für Infrastrukturbedarf werden angegeben, im An-

---

3 Der Bericht der Stadtverwaltung Mainz spricht von 5 bis 10 Prozent zum dauernden Verbleib in der BRD Entschlossener.

hang auch ein Vergleich mit anderen Großstädten; Zuzugsbeschränkungen für überlastete Stadtbezirke, um innerstädtische „Gettobildung" zu verhindern; Arbeitgeber sollen verpflichtet werden, während der gesamten Aufenthaltsdauer für Unterkunft zu sorgen, also nicht nur bei Neuzuzug eines Ausländers; Verhinderung des illegalen Familiennachzugs; Verbesserung des Informationsangebots: schon vor der Anwerbung Information, Empfang durch ausländische Sozialbetreuer, Schaffung von schwerpunktartigen Informationsstellen, Informationsschriften, Abbau von Vorurteilen durch gemeinsame Veranstaltungen der ausländischen und der deutschen Bevölkerung; Versorgung mit angemessenen Unterkünften: Kontrolle der Firmenunterkünfte, regelmäßige Überprüfung der Wohnverhältnisse, gesetzliche Unterbindung von Wohnmißständen durch Festsetzung von Mindestwohnflächen und Mindestausstattungen, Wohnungsbauprogramm für Ausländer; Kindergarten und Schule: Einrichtung von Spielgruppen, Sprach- und Sozialförderung 3- bis 5jähriger Kinder, pädagogische Assistenten zur Unterstützung der Lehrer, die Möglichkeit der Gründung nationaler Schulen soll nicht generell ausgeschlossen werden, Arbeitserlaubnis für ausländische Jugendliche erst dann, wenn Sprachkenntnisse vorhanden sind; großzügige Förderung durch Sprachkurse; Freizeit: Kommunikationszentren, Freizeitheime, Unterstützung von Vereinen, die sich um Ausländer bemühen; Rückkehrförderung: staatliche Hilfen für Verlagerung von lohnintensiven Betriebsstellen in die Herkunftsländer, Anreize zur Rückkehr ins Heimatland.

Das Stadtentwicklungsreferat München hat eine verdienstvolle Arbeit hier geleistet. Gewiß wird ein Teil der Maßnahmen wegen des Mangels an finanziellen Mitteln liegen bleiben. Einige Vorschläge erscheinen fragwürdig, so die „Kopplung von Aufenthaltserlaubnis und Sprachkenntnissennachweis". Der größere Teil der vorgeschlagenen Maßnahmen wird sich wegen der Überschneidungen der Kompetenzen und Zuständigkeiten nicht realisieren lassen. So ist das „Ausländerprogramm" ein Zeitdokument, welches belegt, daß unsere Verwaltung organisatorisch den Anforderungen nicht gewachsen ist.

Lange Verweildauer fördert nicht die soziale Integration

Hoffmann-Nowotny (1973) hat überraschende Ergebnisse seiner empirischen Forschungen mitgeteilt. Der größte Teil der von ihm befragten Einwanderer – Italiener – gehört „nicht nur im Einwanderungsland zur unteren Unterschicht", sondern ist auch „nach seiner sozialen Herkunft weitgehend der unteren Unterschicht zuzurechnen" und stammt zudem aus den Regionen Italiens, „die zu den am wenigsten entwickelten zählen". Ihre Lage hat sich zwar individuell verbessert, innerhalb der Sozialstruktur des Einwanderungslandes stehen sie jedoch ganz unten – wie vorher im Herkunftsland. Sie schieben, im Laufe der Zeit, „den Einheimischen auf verschiedenen Eigenschaftsdimensionen Überlegenheit im

Vergleich zu sich selbst zu". Damit akzeptieren sie die Schichtung der Gesellschaft, die die Einheimischen oben und die Ausländer unten sieht. Das Gefühl, diskriminiert zu sein, wird geringer. Ein wichtiger Grund für die Rückwanderung fällt weg. Diejenigen, die sich nachhaltig diskriminiert fühlen, kehren in die Heimat zurück. Im Zuge dieser „neofeudalen Anpassung" erlahmt der Wille, sich durch eigene Aktivitäten in die Gesellschaft des Einwanderungslandes zu integrieren (S. 265 f.).

Hoffmann-Nowotny hat einen sozialen Mechanismus gefunden, der, wenn ihm auch nicht Allgemeingültigkeit zukommt, doch erklärt, warum die Integration auch bei ausländischen Arbeitnehmern, die schon mehrere Jahre in der BRD sind, so oft nicht gelingen will.

Daraus ergibt sich übrigens auch, daß nicht anzunehmen ist, daß die ausländischen Arbeitnehmer ein revolutionäres Potential darstellen. Die Beteiligung an wilden Streiks ist nicht das Ergebnis eines Klassenbewußtseins, sondern die Folge miserabler Personalpolitik. Die geringen Erfolge radikaler Gruppen bei den ausländischen Arbeitnehmern werden im Jahresbericht 1972 des Bundesamts für Verfassungsschutz ausdrücklich erwähnt.

Ausländergesetz

Was haben die ausländischen Arbeitnehmer auf Grund des Ausländergesetzes zu erwarten? Das Ausländergesetz von 1965 brachte zweifellos nicht die „liberale und weltoffene Fremdenpolitik, die die Einreise und den Aufenthalt von Ausländern erleichtert", die die Bundesregierung seinerzeit ankündigte (vgl. Bundestagsdrucksache IV/868 vom 28. 12. 1962). So heißt es in § 2 des Gesetzes: „Die Aufenthaltserlaubnis *darf* erteilt werden, wenn . . ." Die Entscheidung liegt weitgehend bei den Ausländerbehörden.

Aus einem Schreiben des Bundesinnenministeriums an mich: „Auf die Erteilung einer Aufenthaltserlaubnis besteht jedoch ebensowenig ein Rechtsanspruch wie auf die Erteilung einer zur Einreise berechtigten Legitimationskarte einer deutschen Anwerbekommission. Ob sie erteilt wird oder nicht, liegt im Ermessen der zuständigen Behörden . . . Dieses Ermessen wird durch das Gesetz nur negativ gebunden in dem Sinne, daß die Aufenthaltserlaubnis nicht erteilt werden darf, wenn die Anwesenheit des Ausländers im Bundesgebiet Belange der BRD beeinträchtigen würde . . ." (14. 2. 1966.)

Die Ausländerbehörde kann auf Grund des § 7 des Ausländergesetzes sowie der Allgemeinen Verwaltungsvorschriften vom 7. 7. 1967 die Erwerbstätigkeit von Ausländern beschränken. Die Ausweisung eines Ausländers kann von der Ausländerbehörde auf Grund einer Generalklausel (§ 10) vorgenommen werden und wurde, wie immer wieder festzustellen ist, sogar für geringfügige Vergehen wie Verstöße gegen polizeiliche Meldevorschriften oder die Straßenverkehrsordnung, aber auch Verstöße gegen den Sittenkodex wie Ehebruch verfügt. Auch Ausländer, die mit einer deutschen Frau verheiratet sind, wurden abgeschoben.

Heft 1, 1970, Studentische Politik, herausgegeben vom Forschungsinstitut der Friedrich-Ebert-Stiftung, informiert zuverlässig über die rechtliche Stellung des Gastarbeiters in der BRD, soweit das Ausländergesetz zuständig ist. Wichtige Bestimmungen des Ausländergesetzes sind, folgen wir den Ausführungen dieser Schrift, möglicherweise sogar verfassungswidrig. Auch Vertreter kirchlicher Organisationen haben immer wieder auf die inhumanen Bestimmungen des Ausländergesetzes aufmerksam gemacht, das auch im Widerspruch zur Deklaration der Allgemeinen Menschenrechte vom 10. 12. 1948 und der Europäischen Konvention zum Schutze der Menschenrechte stehen dürfte. Vgl. auch die Aufsätze von *Hardinghaus* und *Franz* in: *Leudesdorf/Zilleßen* (1971) sowie die dokumentarische Zusammenstellung im Anhang des Buches. Das Unbehagen über das Ausländergesetz wächst. *Heldmann* (1973) beschreibt, wie groß der Ermessensspielraum der Ausländerbehörden ist. *Peters* (1972) schreibt: „Für den Ausländer besteht eine starke Rechtsunsicherheit, weil wichtige Entscheidungen (über Aufenthaltserlaubnis und Ausweisung, über gewisse Einschränkungen nicht nur der politischen Betätigung) weitgehend in das Ermessen der Ausländerbehörden gestellt sind." Sie trifft damit den Kern.

In dem am 19. 2. 1974 verabschiedeten Programm zur Eingliederung ausländischer Arbeitnehmer in Rheinland-Pfalz wird anerkannt, daß eine „Vorbedingung für die Integration der ausländischen Arbeitnehmer und ihrer Angehörigen ... die größere Sicherheit und schrittweise Verfestigung ihres aufenthaltsrechtlichen Status" ist. In Rheinland-Pfalz wird in der Regel dem Ausländer nach 5jährigem Aufenthalt die unbefristete Aufenthaltserlaubnis erteilt. Andere Länder sind in dieser Hinsicht wesentlich zurückhaltender. Nach einer Verwaltungsvorschrift des Landes zu § 10 des Ausländergesetzes muß stets geprüft werden, ob eine Ausweisung dem Grundatz der Verhältnismäßigkeit des Mittels entspricht. Dadurch soll verhindert werden, daß Bagatellvergehen zu einer Ausweisung führen. Die Regierung von Rheinland-Pfalz tritt dafür ein, daß „Anträge ausländischer Arbeitnehmer, bei denen die allgemein zu fordernden Einbürgerungsvoraussetzungen erfüllt sind, möglichst rasch erledigt werden". „Außerdem wird sie sich für die Veröffentlichung der vom Bundesminister des Inneren im Einvernehmen mit den Innenministern der Länder herausgegebenen Einbürgerungsrichtlinien einsetzen."

Politische Parteien

Auch die Parteien befassen sich mit der rechtlichen und sozialen Situation der ausländischen Arbeitnehmer. Der SPD-Parteitag in Hannover hat gefordert, „die ausländischen Arbeitnehmer in die Rechts- und Gesellschaftsordnung aufzunehmen und vorrangig die Probleme Wohnung,

Sprache, Schule, berufliche Bildung und staatsbürgerliche Geichberechtigung zu lösen" *(Buschfort*, in: Die Neue Gesellschaft 8, 1973). Eine Kommission unter dem Vorsitz von *Buschfort* wurde gebildet.

Ausländische Arbeitnehmer können Mitglied der SPD werden. Die FDP nimmt sie ebenfalls als Mitglieder auf.

Helmut *Kohl*, Vorsitzender der CDU, schreibt im Rheinischen Merkur: „Die Lösung der mit der Beschäftigung ausländischer Arbeitnehmer verbundenen Probleme erhält . . . eine europäische Dimension, d. h. wir werden nur zu einer Lösung kommen können, wenn wir eine europäisch orientierte Gesamtkonzeption für die Beschäftigung ausländischer Arbeitnehmer finden. Wir sollten dabei prüfen, ob nicht neben vielfältigen sozialen Hilfen die Schaffung einer europäischen Staatsbürgerschaft ein demokratisch sinnvolles Fundament darstellen würde. Der Grundgedanke dabei ist, daß wir die europäischen Gastarbeiter in der Tat nicht als Ausländer behandeln sollten. Andererseits leisten wir ihnen auch damit keinen Gefallen, daß wir ihnen die deutsche Staatsbürgerschaft verleihen."

Sasse/Kempen (1974) stellen fest, daß die staatsrechtliche Stellung des Ausländers „durch das Fehlen politischer Mitwirkungsrechte gekennzeichnet" ist. Er darf nicht wählen, die Grundrechte stehen ihm nur beschränkt zu, die politische Komponente der Meinungsfreiheit wird ihm bestritten, und seine politische Betätigung unterliegt jederzeitiger Beschränkung durch die Eingriffsmöglichkeiten der Ausländerbehörden. Sie fordern neben der sozialen Integration „auch eine politische Mindestintegration". Möglichkeiten für diese sehen sie im Rahmen der bestehenden Gesetze auf der kommunalpolitischen Ebene, die für die Ausländer ohnehin von besonderer Wichtigkeit ist. Der gemeindlichen Autonomie sei ein Stück gesellschaftlicher Selbstorganisation erhalten geblieben. „Dies erlaube es, den Volksbegriff in Art. 20 und 28 GG zu differenzieren und den zum Daueraufenthalt berechtigten Ausländern auch ohne Verfassungsänderung die Möglichkeit politischer Mitentscheidung einzuräumen." (S. 32.)

Tomuschat befaßt sich mit den politischen Rechten der ausländischen Arbeitnehmer und stellt die geltenden Regelungen im einzelnen dar. Sogar Ausländer aus EWG-Staaten bleiben, was den politischen Status angeht, „Bürger zweiter Klasse". Die europäischen Gemeinschaftsverträge haben „die überkommene nationalstaatliche Ordnung nicht aufgebrochen". In: *Ansay/Gessner* (1974), S. 100. *Dolde* fordert für Ausländer nach fünfjährigem Aufenthalt das aktive Wahlrecht für Kommunalwahlen. Er hat festgestellt, daß nicht nur in der BRD, sondern in den meisten Staaten das Wahlrecht mit der Staatsangehörigkeit verknüpft ist. Lediglich in einigen Kantonen der Schweiz haben Ausländer nach fünf Jahren in der Gemeinde und im Kanton das Stimmrecht.

Schule

Von großer Bedeutung sind die Hilfen, die den ausländischen Schülern gewährt oder vorenthalten werden. Hier ist festzustellen, daß noch nicht einmal die Vollzeitschulpflicht und die Berufsschulpflicht, obgleich in den Bundesländern gesetzlich geregelt, wahrgenommen werden. Ein Teil der mehr als 200 000 schulpflichtigen Kinder ausländischer Eltern (im Schuljahr 1970/71 besuchten 159 000 ausländische Schüler die allgemeinbildenden Schulen in der BRD) wächst ohne regelmäßigen Schulbesuch heran. Das ist allerdings nicht die Folge einer Politik, die einer Minderheit bewußt Bildung vorzuenthalten beabsichtigt, wie das z. B. das erklärte Ziel der nationalsozialistischen Führung in den besetzten Ostgebieten war. Es fehlen den Schulbehörden noch immer Personen, Mittel und Möglichkeiten im erforderlichen Umfang, zumal sie mit der Aufgabe der Umstrukturierung des deutschen Schulwesens schon überfordert sind.

Nach Schätzungen von *Mehrländer* entzieht etwa ein Fünftel der Eltern ihre Kinder der Schulpflicht in der BRD. Als wichtigste Gründe für dieses Verhalten lassen sich erkennen:

- Die Unsicherheit über die Aufenthaltsdauer in der BRD, vergrößert durch die rechtliche Unsicherheit im Zusammenhang mit dem Ausländergesetz, erschwert eine längerfristige Bildungsplanung für die Kinder.
- Schulpflichtige Kinder beaufsichtigen kleine Geschwister, um auch der Mutter eine berufliche Tätigkeit zu ermöglichen.
- Informationsmangel, besonders bei Ausländern, die ungeübt sind im Lesen.
- Die Schulbildung wird wenig geachtet aus Unwissenheit über die Bedeutung der Schulbildung für die Existenzgründung oder weil andere überkommene Werte wichtiger eingeschätzt werden.
- Es wird befürchtet, daß das kulturelle Erbe, die Muttersprache und andere traditionelle Wertvorstellungen in der deutschen Schule verlorengehen könnten.

Nur 8 Prozent der von *Mehrländer* befragten Eltern haben angegeben, daß ihre Kinder die Mittelschule, und nur 1 Prozent, daß sie die Oberschule besuchen. Die Ausländerstudie des Stadtentwicklungsreferats München kommt zu noch ungünstigeren Zahlen. Hauptproblem für die Kinder ist das Erlernen der deutschen Sprache, auch unter dem Aspekt, daß Sprache und Denken einander bedingen. Diejenigen, die heute weiterführende deutsche Schulen besuchen, verfügen über weit überdurchschnittliche Begabung und Fähigkeiten. Zu fragen wäre nach der sozialen Herkunft der Eltern dieser Kinder. Darüber sind Untersuchungsergebnisse nicht bekanntgeworden. Die Benachteiligung von Kindern, die an sich begabt genug wären für eine weiterführende Schule, es aber trotzdem nicht schaffen, liegt darin, daß sie schon in der 5. Klasse die für sie zweite Fremdsprache erhalten, während es für die deutschen Schüler die erste ist. Weniger begabte Kinder werden zurückgestuft in Schulklassen, die weder ihrem Alter noch ihrer Intelligenz entsprechen. Dem Bericht der Stadtverwaltung Mainz ist zu entnehmen, daß ein Viertel aller Schüler in „integrierten Klassen" allein schon wegen des Alters keinen Abschluß mehr erreichen kann. Die ausländischen Kinder „müssen durch außerschulische Maßnahmen gefördert werden; dabei ist vor allem an Hausaufgabenhilfe zu denken", fordert U. *Mehrländer*. Zweifellos sind auch Stützkurse notwendig, um den sprachlichen Rückstand aufzuholen. Die Muttersprache sollte als erste Fremdsprache anerkannt werden.

Lehrer der Grundschule stehen vor großen Schwierigkeiten, solange noch nicht die „kleine Klasse" (maximal 25 Schüler) verwirklicht ist. Die Hauptschule trägt die größte Last. Sie hat es hauptsächlich mit ausländischen Jugendlichen zu tun, die in relativ spätem Alter ihre Umwelt wechselten und ohne Kenntnis der deutschen Sprache einen komplizierten Stoff bewältigen und zu einem Abschluß geführt werden sollen. Die „Toleranzschwelle" dürfte überschritten sein, wenn eine solche Klasse mehr als 20 Prozent ausländische Schüler hat. Dann leidet der Unterrichtserfolg, und auch die deutschen Schüler werden benachteiligt. Sie entwickeln, wen kann es wundern, gegen ihre ausländischen Mitschüler Aggressionen, die sie zum Teil von den besorgten Eltern übernommen haben.

Das ist nicht die Regel. *Malhotra* (1973) kommt zum Ergebnis, daß in den von ihm untersuchten Klassen „in der Sicht der befragten Gastarbeiterkinder sowie der Eltern und Lehrer von Gastarbeiterkindern die große Mehrzahl dieser Kinder als gut integriert in den deutschen Schulklassen erscheint" (S. 120). Auch *Jungmann*, Oberschulrat in Wiesbaden, stellt in seinem Bericht „Kinder ausländischer Arbeitnehmer in Wiesbadener Schulen", Sept. 1973, fest: „Sie sind im Grunde nicht anders als die einheimischen Kinder; sie sind in eigene Systeme von Normen und Wertvorstellungen eingebunden, die den unsrigen nicht zuwiderlaufen. Sie haben es angesichts der Sprachbarrieren und der ihnen fremden Umwelt am Anfang schwer, holen dann aber relativ rasch auf. Sie sind ebenso zu Leistungen befähigt wie deutsche Kinder. Ihre sozialen Verhaltensweisen drücken das Bedürfnis nach menschlichem Kontakt aus, insbesondere auch zu einheimischen Schülern. Sie zeigen sich bereit und fähig, ihre Eigenleistung in das Gesamt der Lerngruppe einzubringen und sind stolz auf ihre Beiträge. Sie zeigen in vielen Lernsituationen beachtenswerte Anstrengungsbereitschaft sowie Zähigkeit im Erreichen eines Zieles, auch dann, wenn die ökonomischen Verhältnisse der Familie ungünstig sind."

Die Berufsschulen wurden – örtlich verschieden – am wenigsten mit dem Problem fertig. Vielfach wurden die berufsschulpflichtigen ausländischen Jugendlichen wegen der fehlenden Deutschkenntnisse einfach vom Schulbesuch befreit. Diese „Lösung" war den meisten Jugendlichen und wohl auch den Arbeitgebern nicht unangenehm.

Die Einweisung von lernbehinderten ausländischen Kindern in die Sonderschule ist ein besonderes Problem, weil nur sprachfreie Tests verwendet werden können. Um Fehleinweisungen zu vermeiden, ist man sehr vorsichtig. In Wiesbaden z. B. sind nur etwa 1 Prozent der ausländischen Schüler in Sonderschulen, während es bei den deutschen rd. 5–6 Prozent sind.

Die Kultusministerkonferenz hat am 3. 12. 1972 Empfehlungen herausgebracht, die die Organisation des Unterrichts der Kinder ausländischer Arbeitnehmer betreffen. Kultusminister einiger Länder haben ihrerseits Richtlinien erlassen, die auf diesen Empfehlungen beruhen, z. B. Rheinland-Pfalz am 15. 6. 1973.

Die Schulproblematik wird abgehandelt in der von der Aargauischen Arbeitsgemeinschaft für die Betreuung ausländischer Arbeitskräfte herausgegebenen Schrift, in der Denkschrift Schule für Gastarbeiterkinder in der BRD, herausgegeben von action 365 – Ausländerdienst, bearbeitet von Else *Görgl*, von *Koch* (1971), *Malhotra* (1973), in dem Gutachten zur Schul- und Berufsbildung und zur sozialen Integration ausländischer Kinder in der BRD, herausgegeben vom Kommissariat der deutschen Bischöfe: Thesen und Forderungen, Band 101 der Reihe „Bildung und Wissenschaft", Mülheim 1973. Der Deutsche Städtetag, Köln, Lindenallee 11, hat die Schrift „Unterricht für ausländische Kinder" herausgebracht (Reihe C, DST-Beiträge zur Bildungspolitik, H. 6, 1973). Hilfen für den Lehrer wollen geben: *Christian/Kindsvater* (1973), RP-Modelle Nr. 9, Gastarbeiter, Analysen und Planung, Sekundarstufe I, *Diesterweg/Kösel*, Frankfurt-München 1973, Heft 6, 1973, der Zeitschrift „betrifft: erziehung", Beltz Verlag, Weinheim. Ausführliche Literaturangaben finden sich in dem Aufsatz von *Dederichs*, Literatur zum Thema Gastarbeiterkinder (Heft 2, 3, 4 und 5, 1973, AV Informationen „Deutsch-Unterricht für Kinder und Jugendliche anderer Muttersprache", herausgegeben vom Institut für Film und Bild in Wissenschaft und Unterricht, München.

Es gibt in der BRD nur wenige „nationale Schulen für ausländische Schüler. Die ausländischen Kinder sollen grundsätzlich in deutschen Schulen unterrichtet werden, gemeinsam mit deutschen Schülern. So die offizielle Politik. Damit erscheint keineswegs erwiesen, daß dies der beste Weg ist für die Schulausbildung der ausländischen Kinder und Jugendlichen *und* ihre Persönlichkeitsbildung. M. E. bestehen sogar erhebliche Zweifel. Bildung in der Muttersprache sollte das Grundrecht eines jeden Kindes sein. Die Forderung ist auch abzuleiten von der Einheit des Denkens und Sprechens. Unsere Schulen können den ausländischen Schülern Bildung in der Muttersprache nur bedingt vermitteln. Kinder, die in ihrer Muttersprache zusätzlich unterrichtet werden (Sonderunterricht), verlieren entweder Stunden in ihrer Klasse oder haben eine größere stundenmäßige Belastung auf sich zu nehmen. Das letztere mag der Grund dafür sein, daß viele Kinder den Sonderunterricht meiden. Zumindest in den Ballungsräumen erscheint es organisatorisch möglich, „nationale" Schulen einzurichten, und zwar als Teilsystem der deutschen Schule. Eine Reihe von Veranstaltungen könnte gemeinsam mit der deutschen Schule durchgeführt werden.

Auf jeden Fall, ob in „nationaler" Schule oder integriert in die deutsche Schulklasse, braucht das ausländische Kind einen qualifizierten Unterricht in Deutsch als Fremdsprache. Für diese Aufgabe, die es früher nicht gab, müssen Lehrer ausgebildet werden. Diese Lehrer müßten über einige Kenntnisse in den Muttersprachen der ausländischen Kinder verfügen und gelernt haben, wie man in einer Klasse mit Schülern mehrerer Nationalitäten deutsch unterrichtet.

Sozialpsychologische Aspekte

Soziologisch und sozialpsychologisch interessant sind folgende Veröffentlichungen:

Beijer (1969), *Bingemer/Meistermann-Seeger/Neubert* (1970), *Braun* (1970), *Gaitanidis* (1959), *Hoffmann-Nowotny* (1970 und 1973), *Heintz/ Hoffmann-Nowotny* (1969), *Horstmann* (1969), *Kurz* (1965), *Mehrländer* (1974), *Mühlmann* (1967), *Mühlmann/Llaryora* (1968), *Pfeffer/ Schaafhausen* (1959), *Schönbach* (1970), *Tsakonas* (1964), *Zwingmann* (1962 und 1964).

Integrationsschwierigkeiten ergeben sich vor allem aus den verschiedenen Einstellungen und Verhaltensweisen von Einheimischen und Ausländern. In ausgezeichneter Weise hat *Zwingmann* (1962 und 1964) auf die Bedeutung des Heimwehs hingewiesen. *Gaitanidis* (1959) schildert trefflich die Denkweise und Mentalität von Griechen und erleichtert uns das Verständnis für griechische Gastarbeiter. Auch *Maturi* (1964) ist hier zu erwähnen. Für die Schweiz geben *Braun* (1970) und *Hoffmann-Nowotny* (1973) wohl den besten Überblick über die dortigen Verhältnisse; die Ausführungen, die auf umfangreichen Studien basieren, haben durchaus Aussagekraft auch für die BRD. *Gessner* (in: Ansay/Gessner) geht den Schwierigkeiten nach, die den ausländischen Arbeitnehmern aus der meist nur geringen Beherrschung der deutschen Sprache erwachsen. Dabei handelt es sich um folgende drei Arten von Benachteiligungen:

1. Mißverständnisse und Informationsmangel.
2. Von vornherein negative Bewertung durch deutsche Gesprächspartner, wenn Ausländer ein gebrochenes Deutsch „mit dem Makel der (deutschen) Unterschicht" sprechen.
3. Die Umwelt wird von ihnen – als Folge der Einheit des Sprechens und Denkens – anders als von Deutschen wahrgenommen, „die Aufmerksamkeit auf andere Aspekte der Wirklichkeit gelenkt" (S. 25).

Mehrländer (1974) geht von der Hypothese aus, „daß sich Konflikte aus der Diskrepanz zwischen Erwartungen der ausländischen Arbeitnehmer über die Arbeits- und Lebensbedingungen in der BRD und dem Erlebnis der Wirklichkeit nach der Einreise ergeben werden" (S. 15). Damit erfaßt sie eine der wichtigsten Entstehungsursachen für Konflikte, Enttäuschungen, Frustrationen. Andere Ursachen gehen zurück auf Sozialisationsprozesse in der Kindheit und Jugend. Deutsche und Ausländer haben andere Rollen erlernt, und diese zum Teil unterschiedlichen Rollen treten sich nicht immer verträglich gegenüber. Eine weitere wichtige Ursache sind die unterschiedlichen Rollen, die Deutsche und ausländische

Arbeitnehmer im Produktionsprozeß und im gesellschaftlichen Leben spielen. *Mehrländer* fordert „eine interaktionistische Integration zwischen ausländischen Arbeitnehmern und der deutschen Bevölkerung" und lehnt eine Anpassung der Minderheit durch Unterwerfung ab.

Auf die vorzügliche Arbeit von *Bingemer/Meistermann-Seeger/ Neubert* wurde bereits hingewiesen. *Hoffmann-Nowotny* (1970) will Migration im Rahmen einer soziologischen Theorie erklären. Er geht davon aus, daß Migration durch strukturelle Spannungen determiniert wird und daß die Einheiten sozialer Systeme einen Spannungsabbau, u. a. durch Migration, anstreben. *Mühlmann/Llaryora, Mühlmann* sowie *Pfeffer/ Schaafhausen* befassen sich mit den Verhältnissen in Italien und Griechenland. *Pfeffer/Schaafhausen* betrachten die Sozialordnung Griechenlands noch ohne Blick auf die Rückwirkungen der Gastarbeiterbeschäftigung unter dem Gesichtspunkt der Entwicklung der Wirtschaft, wobei sie die nichtwirtschaftlichen Voraussetzungen untersuchen.

Mühlmann stellt direkt die Frage nach den Rückwirkungen der Wanderung auf das Heimatland. Seine Arbeiten basieren auf sozialwissenschaftlichen Studien in Sizilien. Er stellte fest: „Die Interessen-Solidarität des Sizilianers ist bisher eingeengt auf Familie und Freundeskreis, und das Vorwärtskommen wird gesucht durch Mobilisierung von Patronagebeziehungen."

Kurz hat die Gruppenbeziehungen in einem italienischen Gastarbeiterlager untersucht. Sie fragt nach Handlungsorientierungen, die man entwickeln muß, „um an zwei sozialkulturellen Systemen gleichzeitig partizipieren zu können, ohne daß Desorganisationserscheinungen auftreten". Sie schreibt: „Totale Integration in die Familie sowie die kollektive Definition und Lösung aller Probleme, volle gegenseitige Verantwortlichkeit und die Verpflichtung zum gegenseitigen Opfer stellen für die meisten Süditaliener ein verbindliches Handlungsmuster dar." (S. 821.)

Erscheinungsformen und Entstehung sozialer Vorurteile gegenüber ausländischen Arbeitnehmern werden in der sozialwissenschaftlichen Literatur leider nur am Rande behandelt.

Wer sich mit der überaus wichtigen Frage sozialer Vorurteile befaßt, die R. *König* sogar im Mittelpunkt der empirischen Sozialforschung sehen will, behandelt Probleme der Neger, Juden, Studenten und Schüler, ethnischen Volksgruppen u. a., nicht aber die der Gastarbeiter (*Barres,* 1974). Hinzuweisen ist auf *Delgado* (1972) und auf das Manuskript „Einstellungen und Verhaltensweisen zu europäischen und asiatischen Gastarbeitern bei deutschen Arbeitern in Holstein", Hamburg 1965 (vgl. H. E. *Wolf,* Soziologie der Vorurteile, in: Handbuch der empirischen Sozialforschung, herausgegeben von R. *König,* 2 Bd., Stuttgart 1969, ferner auch *Bergler/Six* (1972), *Bichlbauer/Gehmacher* (1972), *Heintz* (1957), *Wallner* in *Reschke* (1970) und *Wolf* (1972). Wie *Kaiser* (in Ansay/Gessner, 1974) darlegt, wird auch kriminalstatistisch argumentiert, um Vorurteile gegenüber den ausländischen Arbeitnehmern zu entkräften. Er stellt fest, daß die Deliktrate der Gastarbeitergruppen zum Teil wesentlich niedriger ist als die der deutschen Vergleichspopulation. Nur bei einzelnen Straftaten und Deliktgruppen fallen, relativ gesehen, mehr Gastarbeiter auf als Deutsche.

Das bedeutet, daß eine der wichtigsten Seiten der Ausländerbeschäftigung noch nicht gründlich bearbeitet worden ist.

11. Ausländische Arbeitnehmer – eine Erscheinung des Spätkapitalismus?

Gnehm und andere haben darauf hingewiesen, daß durch Hereinnahme von ausländischen Arbeitern die Nachfrage auf dem Arbeitsmarkt nur zeitweilig befriedigt werden kann. Die Ausländer treten auf dem Konsumgütermarkt als zusätzliche Nachfrager auf; dadurch wird die Nachfrage nach Investitionsgütern vergrößert, es entstehen neue Einkommen, die Konsumgüter nachfragen usw. Die Produktionsfaktoren werden voll beschäftigt, die Knappheit auf dem Arbeitsmarkt wird sogar vergrößert.

Für *Nikolinakos* (1973) sind die ausländischen Arbeiter in den hochindustrialisierten Staaten Westeuropas „ein strukturelles Problem der spätkapitalistischen Entwicklung" (S. 13), aber auch eine Notwendigkeit. „Die Entwicklung der Technologie führt ständig zu einer Überakkumulation, welche die Hauptursache der latenten Krise des Spätkapitalismus ist." (S. 151.) Im Sinne von Karl *Marx* bilden die Ausländer eine Reservearmee, „auf die das Kapital je nach Bedarf zurückgreifen kann" (S. 65). Auf die Reserve-Funktion weisen auch *Becker/Dörr/Tjaden* (Das Argument 68, 1971) hin. Die Ausländer sind auf Arbeitsplätzen eingesetzt, die je nach wirtschaftlicher Lage leicht abgebaut oder neu besetzt werden können. Das „Arbeitskräftereservoir" Türkei kann kurzfristig Millionen Arbeitskräfte abgeben.

Das Kapital holt die Ausländer, wie *Nikolinakos* weiter ausführt, und wälzt die infrastrukturellen Kosten auf die Gesamtbevölkerung ab. „Der Staat übernimmt demzufolge die Rolle, die Profitspanne der Unternehmer zu garantieren." (S. 108.) Der Staat ist für ihn „Garant des Profitmechanismus"!

Die Infrastrukturinvestitionen sind nicht durch die Ausländerbeschäftigung induziert, „sondern eine Folge des Nachholbedarfs der einheimischen Bevölkerung" (S. 103). Die Kosten werden durch die Ausländer sogar gesenkt, da sie zum Teil in Wohnungen hausen, die eigentlich nicht mehr bewohnbar sind.

Der Kapitalismus „privilegiert die einheimische Arbeiterklasse gegenüber den jeweiligen Gastarbeitern, und es gelingt ihm, auf diese Weise die Arbeiterschaft zu spalten in Arbeiter-Aristokratie einerseits und in Subproletariat andererseits" (S. 152). Aus nicht-marxistischer Sicht kommt

Hoffmann-Nowotny, wie oben schon dargelegt, zu dem Begriff „neo-feudale Anpassung" in diesem Zusammenhang.

Im Spätkapitalismus bestehe ein Interesse daran, „daß diese soziale Gruppe als eine marginale Gruppe bestehen bleibt". *Nikolinakos* glaubt nicht, daß es unter den gegebenen Bedingungen möglich sein wird, die ausländischen Arbeiter als gleichberechtigte Arbeitskollegen und Mit-bürger in die Betriebe und Gemeinden zu integrieren.

Vergrößerung der Kapitalintensität (eingesetztes Kapital je Arbeits-stunde), also Akkumulation von Sachkapital, ist nicht allein das Kenn-zeichen des Kapitalismus. In allen Industriestaaten geschieht das, auch in den sozialistischen. Die Vermehrung des Sachkapitals führt zu einer rela-tiven Verknappung des Produktionsfaktors Arbeit, zumal dann, wenn sich die Bevölkerungszahl nur langsam vergrößert oder stagniert. Auch die Wirtschaft der DDR beschäftigt ausländische Arbeitnehmer, deren prozentualer Anteil voraussichtlich in Zukunft zunehmen wird. Sie hat zwar Arbeitskräfte an die BRD verloren durch Abwanderung bis zur Sperrung der Grenze. Andererseits ist dort die Erwerbsquote höher. Aus-länderbeschäftigung ist deshalb mehr eine Folge der Industrialisierung in einigen Staaten und dem industriellen Rückstand anderer Staaten als eine Angelegenheit der Wirtschaftsordnung. Allerdings haben die sozialisti-schen Staaten bessere Steuerungsmöglichkeiten. Die Frage ist nur, ob sie sie auch einsetzen zum Wohle gerade der ausländischen Arbeitnehmer.

12. Das Thema „Gastarbeiter" in Tages- und Wochenzeitungen

Das Dasein und Verhalten der ausländischen Arbeitnehmer liefert den Tageszeitungen reichlich Stoff. Über die Art und Weise, wie die Presse berichtet, informiert trefflich die Studie von *Delgado* (1972). In Artikeln der regionalen Zeitungen, insbesondere der Boulevard-Presse, und in Illu-strierten finden wir die ganze Fülle der sozialen Vorurteile einheimischer Bevölkerungsteile gegenüber den ausländischen Arbeitnehmern ausgebrei-tet. Wie schon aus der Zusammenstellung von Titeln in überregionalen Zeitungen hervorgeht, bemüht sich die seriöse Presse, die Lage der aus-ländischen Arbeitnehmer den Lesern verständlich zu machen:
Allgemeine Deutsche Lehrerzeitung vom 1. 5. 1971: Geht der kleine Petro zur Schule? (Herter).
Christ und Welt vom 6. 11. 1964: Die Millionenarmee aus dem Süden. Von der Industrie benötigt, in der Bevölkerung isoliert (Kaufmann).
Christ und Welt vom 13. 11. 1964: Fremdenhaß. Der Gastarbeiter – ein gesellschaftliches Problem (Kaufmann).
Der Spiegel befaßte sich in seinen Ausgaben Nr. 41, 1964, Nr. 43, 1970, Nr. 27 und 31, 1973, ausführlich mit den unter uns lebenden Gast-

arbeitern. Es gelang ihm, die ambivalente Haltung einheimischer Bevölkerungskreise deutlich zu machen. In der Ausgabe Nr. 15, 1971, findet sich ein Beitrag über das Studium von Ausländern an deutschen Hochschulen.

Die Zeit vom 23. 4. 1965: Mit dem Dolch im Gewande (Höfer).

Die Zeit vom 13. 12. 1968: Mühsam bringt Italien Licht in seinen finsteren Süden. Ein Beispiel für Entwicklungshilfe im eigenen Land (Sanders).

FAZ vom 13. 2. 1965: Ramona und Juan kehren heim. Spanische Gastarbeiterinnen wieder zu Hause. Neue Kleider und ernüchternde Erfahrungen (Rosinelli).

FAZ vom 27. 11. 1965: Sie leben als Fremde im eigenen Dorf (Westenberger).

FAZ vom 18. 1. 1966: Italiens dunkle Seiten. Armut, Unwissenheit und Staatsverdrossenheit lasten schwer auf dem Land (Barzini).

FAZ vom 29. 7. 1966: Die Ausländer-Kriminalität macht Sorgen (Renfordt).

FAZ vom 4. 6. 1969: Die Schwierigkeit Deutscher zu werden (Kühnert).

FAZ vom 17. 9. 1969: Ein Heer von halben Analphabeten? Mangelhafte Schulausbildung ausländischer Kinder (Landmann).

FAZ vom 6. 6. 1970: Sie riefen Arbeitskräfte, und es kamen Menschen (van den Wyenbergh).

FAZ vom 4. 8. 1970: Gastarbeiter auf „grauem Markt".

FAZ vom 24. 12. 1970: Ein Bett und etwas Luft zum Atmen! Das Wohnungselend ausländischer Arbeiter (Schütz und Vogt).

Handelsblatt vom 27. 4. 1971: Noch nützen die Gastarbeiter (Meenzen).

Welt vom 13. 3. 1964: Sind Südländer faul? (Müller).

Welt vom 8. 8. 1964: Schach den Vorurteilen (Stirn).

Die Zeit vom 20. 7. 1973: Rosa Zeiten für Sklavenhändler (Schmid).

FAZ vom 24. 7. 1973: Wenn ausländische Arbeiter in wilden Streik treten (Busche).

FAZ vom 31. 7. 1973: Ausländer in den Gewerkschaften (Ulrich).

FAZ vom 20. 8. 1973: Werden die Türken die Neger des Ruhrgebiets? Gastarbeiterfrage aus türkischer Sicht.

FAZ vom 25. 3. 1974: Familienleben unter dem Damoklesschwert der Behörden (Ulrich).

Die Zeit vom 7. 9. 1973: Ausbruch aus dem Getto. Warum die Gastarbeiter rebellieren (Hoffmann). Die Türken probten den Aufstand.

Beachtung verdient eine Artikelserie in „Blick durch die Wirtschaft" in der Zeit vom 15. 10. 1970 bis 15. 2. 1971. Unter den 30 Aufsätzen finden sich einige ausgezeichnet gelungene, wie „Wird aus dem Gastarbeiter ein Stammarbeiter?" von H. *Samson*, „Der Dolmetscher" von *Andres*, „Deutsches Sprach – schweres Sprach" von *Hladek*, „Die ersten hundert Tage" von *Metze*, „Welche Vorteile bringen uns die Gastarbeiter?" von *Petersen*, „Im Dickicht von Vorschriften und Paragraphen" von *Hladek*, „Zwischen Rivalität und Kollegialität" von *Praschke*.

Allerdings finden sich auch in Artikeln der seriösen Presse soziale Vorurteile. Als Beispiel sei der Aufsatz eines Beamten der Ausländerbehörde („Soll man immer mehr Gastarbeiter beschäftigen?") in der gerade erwähnten Artikelserie in „Blick durch die Wirtschaft" angeführt. Der Verfasser warnt davor, daß bei zunehmender Zahl von Ausländern nicht zu verhindern sei: „Junge Menschen, ob deutsch oder türkisch, werden einander heiraten – die Zahl solcher Ehen wird ständig steigen." Und weiter schreibt er: „Neben dem Recht auf Gleichheit vor dem Gesetz, das sie besitzen, werden sie auch Chancengleichheit fordern."

Nicht übersehen werden dürfen die Bürgerinitiativen – organisiert und spontan – zur Verbesserung der Lage der ausländischen Arbeiter in unserem Lande. Sie lassen uns hoffen, daß die vielen positiven Ansätze einer sozialen Integration in die betriebliche Sozialstruktur und die Gemeinden doch noch erfolgreich weitergeführt werden, daß die großen Fehler der ersten beiden Perioden von Ausländerbeschäftigung in unserer Geschichte vermieden werden.

An diesem Ziel arbeiten auch Schriftsteller mit, so der Türke Aras Ören, der in einem langen Gedicht das Leben des Niyazi in einem Ausländerviertel in Berlin beschreibt (A. Ören, Was will Niyazi in der Naunystraße, ein Poem. Rotbuch Verlag, Berlin 1973). In einer Hörfunksendung des Südwestfunks ruft uns Peter Jokostra zu: „Prometheus ist heute ‚Gastarbeiter': ein Begriff gut funktionierender Industriewerbung ... Nein, das Problem der ‚Gäste' liegt nicht in den Verdienstmöglichkeiten. Das Problem ist die Isolierung, die Art und Weise, wie die einheimische Bevölkerung mit den ‚Gästen' umgeht."

13. Schrifttum

Bücher

Aargauische Arbeitsgemeinschaft für die Betreuung ausländischer Arbeitskräfte (Hg.), Das Schulproblem auf der Gemeindeschulstufe im Kanton Aargau. Aargau 1967.

Allport, G. W., Die Natur des Vorurteils. Köln 1971.

Ansay, T., u. V. Gessner (Hg.), Gastarbeiter in Gesellschaft und Recht. München 1974.

Barres, E., Das Vorurteil in Theorie und Wirklichkeit. Opladen 1974.

Beijer, G., Wanderungen. Wörterbuch der Soziologie, Hg. W. Bernstorf, 2. Auflage, Stuttgart 1969.

Bergler, R., u. B. Six, Sterotype und Vorurteile. In: Handbuch der Psychologie, Bd. 7, Sozialpsychologie. Göttingen 1972.

Bildungswerk Europäische Politik (Hg.), Arbeitsplatz Europa. Köln 1966.

Bernhard, L., Das polnische Gemeinwesen im preußischen Staate. Leipzig 1908.

Berufsgenossenschaften: Jahresberichte verschiedener Berufsgenossenschaften.

Bingemer/Meistermann-Seeger/Neubert, Leben als Gastarbeiter. Geglückte und mißglückte Integration. Köln und Opladen 1970 (dazu 2 Zwischenberichte der Stadt Köln, vervielfältigt, vom 10. 5. 1967 und 1. 10. 1969).

Bodenstein, B., Die Beschäftigung ausländischer Arbeiter in der Industrie. Essen 1908.

Borris, M., Ausländische Arbeiter in einer Großstadt. Frankfurt 1973.

Braun, R., Sozio-kulturelle Probleme der Eingliederung italienischer Arbeitskräfte in der Schweiz. Erlenbach-Zürich 1970.

Bredt, J. V., Die Polenfrage im Ruhrgebiet, Leipzig 1909.

Brepohl, W., Der Aufbau des Ruhrvolkes im Zuge der Ost-West-Wanderung. Recklinghausen 1948.

Brepohl, W., Industrievolk im Wandel von der agraren zur industriellen Daseinsform, dargestellt am Ruhrgebiet. Tübingen 1957.

Briefs, Goetz, Betriebsführung und Betriebsleben in der Industrie. Stuttgart 1934.

Broesike, M., Die Binnenwanderung im preußischen Staate, Zeitschrift des Königlich-Preußischen Statistischen Landesamts, 47. Jahrgang 1907 und 42. Jahrgang 1902.

Broszat, M., 200 Jahre deutsche Polenpolitik. München 1963.

Bundesvereinigung der Deutschen Arbeitgeberverbände (Hg.), Magnet Bundesrepublik. Probleme der Ausländerbeschäftigung. Köln 1966.

Carl-Duisburg-Gesellschaft, Ein Jahr in Deutschland. Köln 1956/57.

Christian, W., u. E. Kindsvater, Lohnarbeit – am Beispiel der „Gastarbeiter". Modelle für den politischen und sozialwissenschaftlichen Unterricht 21, Europäische Verlagsanstalt, Frankfurt 1973.

Dahmen, Josef, u. Werner Kozlowies, Ausländische Arbeitnehmer in der BRD. Stuttgart 1961.

Delgado, M., Die Gastarbeiter in der Presse. Opladen 1972.

Deutscher Städtetag (Hg.), Hinweise zur Hilfe für ausländische Arbeitnehmer. Köln-Marienburg 1971.

Dittrich, Ortmann, Winterscheid, Hallo Kollege. Sprachkurs für ausländische Arbeitnehmer. Lehrbuch in zwei Teilen: „Deutsch am Arbeitsplatz" und „Deutsch im Alltag". Langenscheid, München.

Dolde, K.-P., Die politischen Rechte der Ausländer in der BRD. Berlin 1974.

Ehrenberg u. Gehrke, Der Kontraktbruch der Landarbeiter als Massenerscheinung. Rostock 1907.

Feuser, Ausländische Mitarbeiter im Betrieb. München 1961.

Franke, E., Die Ostpreußen an der Ruhr. Essen 1936.

Gaitanides, J., Umgang mit Völkern: Griechen. Nürnberg 1959.

Gnehm, A. H., Ausländische Arbeitskräfte – Vor- und Nachteile für die Volkswirtschaft. Bern und Stuttgart 1966.

Großmann, F., Die ländlichen Arbeiterverhältnisse, Schriften des Vereins für Socialpolitik LIV, 2. Band, Leipzig 1892.

Halberstadt u. Zander, Handbuch des Betriebsverfassungsrechts. Köln 1972, 2. Auflage.

Haufe, H., Die Bevölkerung Europas. Stadt und Land im 19. und 20. Jahrhundert. Berlin 1936.

Hessisches Institut für Betriebswirtschaft e. V. (Hg.), Ausländische Arbeitskräfte in Deutschland. Düsseldorf 1961.

Hessisches Institut für Lehrerfortbildung (Hg.), Politische Bildung als Reflexionsprozeß, Heft 2 der Informationen, März 1970: Bericht einer Arbeitsgruppe zum Thema „Ausländische Arbeiter als Minderheiten in unserer Gesellschaft" (Unterrichtsbeispiel).

Hiss, Dieter, Ausländische Arbeitskräfte – „Belastung" oder Voraussetzung für das Gedeihen der deutschen Wirtschaft. In: Konjunkturpolitik, Bd. 11, 1965.

Höpfner, Ramann, Rürup, Ausländische Arbeitnehmer. Gesamtwirtschaftliche Probleme und Steuerungsmöglichkeiten. Selbstverlag der Gesellschaft für regionale Strukturentwicklung, Bonn 1973.

Heberle, R., Theorie der Wanderungen. Schmollers Jahrbuch 75, 1955.

Heintz, P., Soziale Vorurteile. Köln 1957.

Hoffmann-Nowotny, Soziologie des Fremdarbeiterproblems. Stuttgart 1973.

Hoffmann-Nowotny, Migration. Ein Beitrag zu einer soziologischen Erklärung. Stuttgart 1970.

Horstmann, K., Horizontale Mobilität. In: Handbuch der empirischen Sozialforschung. Hg. R. König, 2 Bd., Stuttgart 1969.

Institut für Gemeinwohl, Studie zur sozialen und beruflichen Situation der ausländischen Arbeitnehmer in der BRD. Vervielf. in Frankfurt im November 1973.

Internationales Arbeitsamt, Genf (Hg.), Gleichbehandlung von Inländern und Ausländern in der sozialen Sicherheit. Bericht V (1), 1961 und V (2), 1962.

Jensch, M., u. W. Schneider, Wissen und Einstellungen von Ausländern in der BRD zu Fragen der Verkehrsordnung. Tetzlaff-Verlag, Frankfurt 1971.

Jüngst (Hg.), Festschrift zur Feier des Fünfzigjährigen Bestehens des Vereins für die Bergbaulichen Interessen 1858–1908. Essen 1908. Band 19, 1890.

Kanein, W., Ausländergesetz. München, 2. A. 1974

Kärger, K., Die Sachsengängerei. In: Thiels landwirtschaftlichen Jahrbüchern, Bd. 19, 1890.

Keller, Theo, Volkswirtschaftliche Aspekte des Fremdarbeiterproblems. In: Außenwirtschaft, Band 18, 1963.

Klee, E. (Hg.), Gastarbeiter, Analysen und Berichte. Frankfurt 1972.

Knoke, Ausländische Wanderarbeiter in Deutschland, Dissertation. Leipzig 1911.

Koch, H. R., Gastarbeiterkinder in deutschen Schulen. Königswinter 1971.

Krumsiek, Lenz u. Wimmer, Kommunaler Investitionsbedarf 1971–1980. In: Neue Schriften des Deutschen Städtetages 27, 1971.

Kruse, A., Wanderungen. (II) Internationale Wanderungen. In: Handwörterbuch der Sozialwissenschaften, 11. Bd., Stuttgart-Tübingen-Göttingen 1961.

Kulischer, A. u. E., Kriegs- und Wanderzüge, Weltgeschichte als Völkerbewegung. Berlin 1932.

Leichsenring, Ch., Die Unfälle der ausländischen Arbeitskräfte in der BRD. Schriftenreihe des Hauptverbandes der gewerblichen Berufsgenossenschaften, Bonn 1972.

Leudesdorff, R., u. H. Zilleßen (Hg.), Gastarbeiter – Mitbürger, Bilder, Fakten, Gründe, Chancen, Modelle, Dokumente. Gelnhausen u. Berlin 1971.

Linau, H., Bergarbeiterersatz und Ruhrkohlenproduktion im Weltkriege. Essen 1920.

Maturi, G., Arbeitsplatz: Deutschland. Mainz 1964.

Mehrländer, U., Beschäftigung ausländischer Arbeitnehmer in der BRD unter spezieller Berücksichtigung von Nordrhein-Westfalen. Köln u. Opladen 1969, 2. A. 1972.

Mehrländer, U., Soziale Aspekte der Ausländerbeschäftigung. Bonn-Bad Godesberg 1974.

Mühlmann, W. E., u. R. I. Llaryora, Klientschaft, Klientel und Klientelsystem in einer sizilianischen Agrar-Stadt. Tübingen 1968.

Müller, A., Die soziale Lage der ausländischen Arbeiter im deutschen Wirtschaftsleben. Dissertation, Würzburg 1929.

Nesswetha, W., Der ausländische Arbeiter in arbeitsmedizinischer Sicht. In: Stirn (Hg.), Ausländische Arbeiter im Betrieb. Frechen 1964.

Nesswetha, W., Gastarbeiter und Arbeitsmedizin. In: Gesundheit, Arbeit und Produktivität, herausgegeben vom Bundesverband für gesundheitliche Volksbelehrung. Bad Godesberg 1969.

Neubach, Helmut, Die Ausweisungen von Polen und Juden aus Preußen 1885/86. Wiesbaden 1969.

Nikolinakos, M., Politische Ökonomie der Gastarbeiterfrage. Migration und Kapitalismus. Reinbeck 1973.

Oberländer, Th., Die agrarische Übervölkerung Polens. Berlin 1935.

Papalekas, Johannes Chr. (Hg.), Strukturfragen der Ausländerbeschäftigung. Herford 1969 (Heft 2 der Bochumer Schriften zur Arbeitswissenschaft).

Paul, H. A., Hilfeleistungen für ausländische Arbeitnehmer in der BRD. In: Stirn, Ausländische Arbeiter im Betrieb. Frechen 1964.

Pfeffer, K. H., u. Schaafhausen, Griechenland. Grenzen wirtschaftlicher Hilfe für den Entwicklungserfolg. Hamburg 1959 (Schriften des Hamburgischen Weltwirtschafts-Archivs Nr. 9).

Pohl, Die Lohn- und Wirtschaftsverhältnisse der Landarbeiter in den Masuren in den letzten Jahrzehnten. Magdeburg 1908.

Probleme der ausländischen Arbeitskräfte in der BRD. Beihefte der Konjunkturpolitik, Heft 13, Berlin 1966, mit Beiträgen von Zöllner, Rüstow, Faßbender, Kade.

Renkel, Bestimmungen über die Kontrolle, Beschäftigung und Inlandslegitimierung ausländischer Arbeiter. Guben 1914.

Reschke, H. (Hg.), Ausländische Arbeitnehmer, Hilfen im außerbetrieblichen Bereich. EWG-Studientagung in Ehlscheid/Westerwald. Eigenverlag des Deutschen Vereins für öffentliche und private Fürsorge, Frankfurt 1970.

Rüstow, H. J., Gastarbeiter – Gewinn oder Belastung für unsere Volkswirtschaft? Beihefte der Konjunkturpolitik 13, 1966.

Salowsky u. Schiller, Ursachen und Auswirkungen der Ausländerbeschäftigung. Köln 1972.

Samson, H., Das Leben außerhalb des Betriebes. In: Stirn, Ausländische Arbeiter im Betrieb. Frechen 1964.

Schill, Erich A., Das Recht der ausländischen Arbeitnehmer in Deutschland. Baden-Baden 1965.

Schönbach, Peter, Sprache und Attitüden. Über den Einfluß der Bezeichnungen „Fremdarbeiter" und „Gastarbeiter" auf Einstellungen gegenüber ausländischen Arbeitnehmern. Bern, Stuttgart, Wien 1970.

Schrettenbrunner, Gastarbeiter, ein europäisches Problem aus der Sicht der Herkunftsländer und der BRD. Frankfurt 1971.

Schwenger, R., Die betriebliche Sozialpolitik im Ruhrkohlenbergbau. München u. Leipzig 1932.

Senat der Freien und Hansestadt Hamburg (Hg.), Bericht über die wirtschaftliche und soziale Lage der ausländischen Arbeitnehmer in Hamburg. Hamburg 1971.

54

Siebrecht, V., Die ausländischen Arbeitnehmer. München 1964.

Sohnrey, H., Der Zug vom Lande und die soziale Revolution. Leipzig 1894.

Spiegel-Redaktion (Hg.), Unterprivilegiert. Neuwied u. Berlin 1973.

Stadtentwicklungsreferat München, Kommunalpolitische Aspekte des wachsenden ausländischen Bevölkerungsanteils in München, Problemstudie. München 1972, sowie „Münchner Ausländerprogramm" vom 20. 2. 1974.

Stadtverwaltung Mainz (Hg.), Ausländische Arbeitnehmer in Mainz. Mainz 1974.

Stirn, H., Ausländische Arbeiter im Betrieb. In: Arbeitsleistung und Leistungsminderung. Beiheft zu „arbeitswissenschaft".

Stirn, H., unter Mitwirkung von V. Bucksch, W. Nesswetha, H. Paul, H. Samson, D. Tsakonas, G. Vogt und Ch. Zwingmann, Ausländische Arbeiter im Betrieb. Frechen 1964.

Trczinski, J. v., Russisch-polnische und galizische Wanderarbeiter im Großherzogtum Posen. Stuttgart und Berlin 1906.

Tsakonas, D., Zusammenhänge zwischen den sozialen Bedingungen eines Landes und den Einstellungen seiner Menschen – dargestellt am Beispiel Griechenland. In: Stirn, H. (Hg.), Ausländische Arbeiter im Betrieb. Frechen 1964.

Tuchfeldt, E., Wachstumsprobleme der schweizerischen Volkswirtschaft. Kieler Vorträge, hrsg. von E. Schneider, Neue Folge, H. 40, Kiel 1965.

Unfallverhütungsbericht der Bundesregierung vom 16. 2. 1973.

Vogt, G., Erfahrungen mit der Beschäftigung ausländischer Arbeiter mehrerer Nationalitäten in einem Werk der chemischen Industrie. In: Stirn, Ausländische Arbeiter im Betrieb. Frechen 1964.

Wachowiak, St., Die Polen in Rheinland-Westfalen, Dissertation. München 1916.

Wagner, J., Studie zur sozialen und beruflichen Situation der ausländischen Arbeitnehmer in der BRD, herausgegeben vom Institut für Gemeinwohl, Frankfurt 1973 (vervielf.).

Wander, H., Die Bedeutung der Auswanderung für die Lösung europäischer Flüchtlings- und Bevölkerungsprobleme. Kiel 1951.

Weber, M., Die Verhältnisse der Landarbeiter im ostelbischen Deutschland, Schriften des Vereins für Socialpolitik LV, 3. Band, Leipzig 1892.

Werner, E., Die Eingliederung von ausländischen Arbeitern und ihr sozialer Aufstieg. Dissertation, München 1958.

Wolf, H. E., Soziologie der Vorurteile. In: Handbuch der empirischen Sozialforschung, herausgegeben von R. König, 2 Bd., Stuttgart 1969.

Zieris, E., Maßnahmen zur Anpassung ausländischer Arbeitnehmer in der Eisen- und Stahlindustrie. Veröffentlichung der Hohen Behörde 1967.

Zieris, E., So wohnen unsere ausländischen Mitbürger. Bericht zur Wohnungssituation ausländischer Arbeitnehmer in Nordrhein-Westfalen. Düsseldorf 1971, 3. A. 1972.

Zieris, E., Anlernung und Ausbildung ausländischer Arbeitnehmer. In: Papalekas, Strukturfragen der Ausländerbeschäftigung. Herford 1969.

Zieris, E., Betriebsunterkünfte für ausländische Mitbürger. Düsseldorf 1972.

Zwingmann, Charles, Auswirkungen der nostalgischen Reaktion auf das Verhalten ausländischer Arbeitnehmer. In: Stirn, H. (Hg.), Ausländische Arbeiter im Betrieb. Frechen 1964.

Zwingmann, Charles, Das nostalgische Phänomen. In: Zwingmann (Hg.), Zur Psychologie der Lebenskrisen. Frankfurt 1962.

Zeitschriften

Achinger, H., Gastarbeiter. Archiv für Wissenschaft und Praxis der sozialen Arbeit, 1, 1971.

action 365 – Ausländerbruderdienst (Hg.), Denkschrift Schule für Gastarbeiterkinder in der BRD, bearbeitet von Else Görgl, 1969.

Aguirre, J. M., Spanische Arbeiter in Deutschland. Caritas, 3, 1967.

Albrecht, Gesundheitsvor- u. -fürsorge für ausländische Arbeitnehmer. Der praktische Arzt, 4, 1973.

Arbeitsmedizin, Sozialmedizin, Arbeitshygiene, 3, 1973: Schwerpunktthema „Ausländische Arbeitnehmer als Arbeitskräfte und als Patienten".

Becker, Dörr, Tjaden, Fremdarbeiterbeschäftigung im deutschen Kapitalismus. Das Argument 68, 1971.

Bichlbauer, D., u. E. Gehmacher, Vorurteile in Österreich. Kölner Zeitschrift für Soziologie und Sozialpsychologie, 4, 1972.

Bernhardt, R., Die ausländischen Arbeitskräfte in den deutschen Krankenhäusern. Das Krankenhaus, 11, 1966.

Billenkamp, K., Antrieb und Steuerung bei deutschen und ausländischen Industriearbeitern. Arbeit und Leistung, 4, 1966.

Bundesarbeitsblatt 4, 1970 mit dem Thema „Ausländische Arbeitnehmer in der BRD".

Bundesanstalt für Arbeit (Hg.), Ausländische Arbeitnehmer 1969. Beilage zur ANBA Nr. 8, 1970 (enthält die Ergebnisse der Repräsentativ-Untersuchung von 1968). Die Jahrgänge der ANBA (Amtliche Nachrichten der Bundesanstalt für Arbeit) enthalten Erfahrungsberichte als Beilagen. In den ANBA selbst finden sich statistische Angaben und Richtlinien.

Bundesanstalt für Arbeit, Repräsentativuntersuchung 72. Beschäftigung ausländischer Arbeitnehmer. Nov. 1973.

Bundestagsdrucksache IV/470 vom 27. 6. 1962, Bericht der Bundesregierung über die Beschäftigung ausländischer Arbeitnehmer in der BRD.

Bundestagsdrucksache IV/859 vom 21. 12. 1962, Bericht der Bundesregierung über die Beschäftigung ausländischer Arbeitnehmer in der BRD.

Bundestagsdrucksache VI, 2215, mit der kleinen Anfrage der Abgeordneten Hussing u. a. zum Gesundheitsbericht der Bundesregierung.

Bundesvereinigung der Deutschen Arbeitgeberverbände (Hg.), Informationen zur Ausländerbeschäftigung.

Der Arbeitgeber, 11/12, 1965, Arbeitsplatz Deutschland mit Aufsätzen von Balke, Blank, Sabel, v. Giemanth, Herbst, Siebrecht, Weber, Wolff, Maturi, Feuser, Hinze, Schröder, Horn, Heyde, Richter, Stercken, Rotter, Kiehne, Cramer.

Der Arbeitgeber, 5, 1973.

Der Arbeitgeber, 9, 1971: Aufsätze von Weber, Steinjohn, Papalekas, Zieris, Heuer, Heyden, Domhof, Horchem und Rotter.

Der Beauftragte für den Vierjahresplan / Der Generalbevollmächtigte für den Arbeitseinsatz (Hg.), Der Arbeitseinsatz im Großdeutschen Reich, 8/9 und 10/11, 1943.

Deutscher Städtetag (Hg.), Betreuung und Eingliederung ausländischer Arbeitskräfte. Auswertung einer Rundfrage des Deutschen Städtetages. Der Städtetag, 8, 1964.

Dörge, F.-W., u. a., Gastarbeiter – Europäisches Proletariat? Gegenwartskunde, 3, 1968.

Föhl, C., Stabilisierung und Wachstum bei Einsatz von Gastarbeitern, Kyklos, 20, 1967.

Fraenkel, G., Die Binnenwanderung in Italien hält an. Der Trend geht von Süden nach Norden, vom Land in die Stadt. Der Arbeitgeber, 23/24, 1964.

Fürstenberg, F., Thesen zur Beschäftigung von Gastarbeitern in Österreich. Arbeit und Leistung, 7, 1973.

Gewerkschaftliche Monatshefte, 1, 1974.

Gellert, H. Fr., Ausländische Arbeiter in Wirtschaft und Gesellschaft. Marxistische Blätter, 6, 1966.

Germer, W. D., Mit welchen in Deutschland weniger bekannten Krankheiten muß bei Gastarbeitern aus dem Mittelmeerraum gerechnet werden? Kongreßbericht der Nordwestdeutschen Gesellschaft für Innere Medizin, 1966.

Gmelin, W., Ärztliche Probleme der Gastarbeiter in der Bundesrepublik. Ärztliche Praxis, 17, 1965.

Gogoll, W.-D. u. G. Hiesler, Das Problem mangelnder Deutschkenntnisse der Gastarbeiter und seine Lösung im Bildungswesen einer industriellen Unternehmung. Arbeit und Leistung, 7, 1971.

Grundsätze der Ausländerpolitik, beschlossen von der Ständigen Konferenz der Innenminister der Länder bei der Sitzung am 3./4. 6. 1965 in Berlin.

Habermeier, E., Türkische Arbeiter in Deutschland. Orient, 4, 1966.

Händel, K., Verteidigungsvorbringen italienischer Gastarbeiter, Kriminalistik, 7, 1966.

Halberstadt, G., Das betriebliche Wahlrecht für Gastarbeiter. Der Betrieb, 21, 1965.

Halbach, G., Rechtsfragen der Beschäftigung ausländischer Arbeitnehmer. Das Personal-Büro, Haufe, Freiburg, Heft 6, 1973.

Heldmann, Die Reform des Ausländergesetzes ist Rechtsstaatsgebot. Neue Gesellschaft, 8, 1973.

Hoeschel, E., Wie kommen die ausländischen Arbeitnehmer in die BRD – Voraussetzungen und Erfahrungen. Deutsches Medizinisches Journal, 12, 1972.

Harms, U., Lohnen sich die Gastarbeiter für unsere Volkswirtschaft? Gegenwartskunde, 3, 1966.

Heintz, P., u. Hoffmann-Nowotny, H. J., Das Fremdarbeiterproblem aus soziologischer Sicht. Schweizer Monatshefte, 5, 1969.

Hoernigk, R., Gastarbeiter und Rentenversicherung. Deutsche Versicherungszeitschrift, 5, 1965.

Hoernigk, Ausländische Arbeitnehmer im Aufwind der Sozialversicherung. Der Arbeitgeber, 22/23, 1971.

Hollenberg, W. A., Wie lange noch Ausländer? Modelluntersuchungen ergeben langfristig weitersteigenden Bedarf. Der Volkswirt, 34, 1966.

Jöhr, W. A., u. R. Huber, Die konjunkturellen Auswirkungen der Beanspruchung ausländischer Arbeitskräfte. Schweizerische Zeitschrift für Volkswirtschaft und Statistik, 4, 1968, und 1, 1969.

Jacobs, W., Belasten die ausländischen Arbeitnehmer die deutsche Sozialversicherung? Soziale Sicherheit, 3, 1972.

Kellner, W., Motivation und Verhalten türkischer Gastarbeiterinnen. Arbeit und Leistung, 6, 1974.

Kühl, J., Entwicklung und Struktur der Ausländerbeschäftigung. Gewerkschaftliche Monatshefte 1, 1974.

Klauder, W., Kühlewind, Schnur, Thon, Zur Arbeitsmarktentwicklung bis 1980 – Modellberechnungen unter Berücksichtigung der „Energiekrise". Mitteilungen aus der Arbeitsmarkt- u. Berufsforschung, 1, 1974.

Kühlewind u. Thon, Projektion des deutschen Erwerbspersonenpotentials für die Jahre 1977, 1980, 1985 und 1990. Mitteilungen aus der Arbeitsmarkt- u. Berufsforschung, 3, 1973.

Kattenstroth, L., Ausländische Arbeitnehmer in der Bundesrepublik Deutschland. Bundesarbeitsblatt, 8, 1966.

Kempf, E., Soziologische, sozialpsychologische und sozialpsychiatrische Probleme der Integration heimatloser Ausländer, Kölner Zeitschrift für Soziologie, 4, 1962.

Kitsaras, J. L., Zur Situation der griechischen Gastarbeiter in der BRD. Arbeitswissenschaft, 3, 1964.

Knolle, H., Die Beschäftigungsfreiheit in der EWG. Bundesarbeitsblatt, 11, 1964.

Kruse, A., Der deutsche Arbeitsmarkt und die Gastarbeiter. Schmollers Jahrbuch für Gesetzgebung, Verwaltung und Volkswirtschaft, 4, 1966.

Kruse, A., Volkswirtschaftliche Aspekte des Gastarbeiterproblems. Volkswirtschaftliche Korrespondenz der Adolf-Weber-Stiftung, 7, 1966.

Kurz, U., Partielle Anpassung und Kulturkonflikt. Gruppenstruktur und Anpassungsdispositionen in einem italienischen Gastarbeiterlager. Kölner Zeitschrift für Soziologie, 4, 1965.

Lienau, R., Die Unterbringung der italienischen Arbeiter des Volkswagenwerkes in Wolfsburg. Neues Archiv für Niedersachsen, Bd. 15, 1966.

Linde, H., Die soziale Problematik der masurischen Agrargesellschaft und die masurische Einwanderung in das Emscherrevier. Soziale Welt, 1958.

Lohmann-Grube, H., Ausländische Arbeitskräfte in den Städten. Der Städtetag, 10, 1962.

Meenzen, H., Ausländer in Slums und Gettos? Arbeit und Sozialpolitik, 1, 1971.

Merx, W., Ausländische Arbeitskräfte im Deutschen Reich und in der Bundesrepublik. Eine Gegenüberstellung. Wirtschaftspolitische Chronik, 1, 1967.

Moroni, R., Die Beschäftigung ausländischer Arbeitskräfte. Aufgabe von heute und morgen. Die neue Ordnung in Kirche, Staat, Gesellschaft und Kultur, 6, 1967.

Mühlmann, W. E., Soziologische und sozialpsychologische Probleme italienischer Gastarbeiter. Der medizinische Sachverständige, 2, 1967 (in diesem Heft weitere Beiträge von Schüttler, Kauppen, Maturi, de Boer, Seidel).

Müller, M., Kalkulierte Hetze. Hessische Landeszentrale für politische Bildung, Wiesbaden.

Malhotra, M. K., Die soziale Integration der Gastarbeiterkinder in der deutschen Schulklasse. Kölner Zeitschrift für Soziologie und Sozialpsychologie 1, 1973.

Mehrländer, U., Soziale Aspekte der Ausländerbeschäftigung. Bundesarbeitsblatt 7/8, 1973.

Mehrländer, U., Soziale Probleme der ausländischen Arbeitnehmer. Neue Gesellschaft, 8, 1973.

Mertens, D., Alternativen der Ausländerbeschäftigung. Gewerkschaftliche Monatshefte, 1, 1974.

Nesswetha, W., Der ausländische Arbeitnehmer in der werksärztlichen Sicht. Deutsches Medizinisches Journal 12, 1972.

Nesswetha, W., Über einige Adaptionsvorgänge an industrielle Bedingungen bei Primärberufen. Zentralblatt für Arbeitsmedizin, 4, 1971.

Neue Gesellschaft 8, 1973, mit Beiträgen von Buschfort, Arendt, Woschech, Geiselberger, Müller, Kühne, Mehrländer, de Haan, Feldmann.

Neufassung der Grundsätze zur Eingliederung ausländischer Arbeitnehmer und ihrer Familien. Sozialpolitische Informationen des Bundesministeriums für Arbeit und Sozialordnung vom 24. 5. 1972.

Nuguid, N., Abenteuer in Deutschland – eine kritische Betrachtung. Zeitschrift für Kulturaustausch, 2/3, 1966.

Nydegger, A., Das Problem der ausländischen Arbeitskräfte im Rahmen der schweizerischen Konjunkturpolitik. Schweizerische Zeitung für Volkswirtschaft und Statistik, Bd. 99, 1963.

Papalekas, J. Ch., Ausländische Arbeiter in Deutschland, ein europäisches Problem. Hellenika, 3, 1966.

Papalekas, J. Ch., Integration oder Rotation? Der Arbeitgeber, 9, 1971.

Pattberg, W., Die Auswirkungen des Lohnfortzahlungsgesetzes. Arbeit und Leistung, 5, 1971.

Peters, A., Die BRD als Beschäftigungsland für ausländische Arbeitnehmer: Ökonomische Attraktivität, rechtliche Situation und politische Mitwirkung. Mitteilungen aus der Arbeitsmarkt- u. Berufsforschung 4, 1972.

Pflanz, M. O., Hasenkopf u. P. Costas, Blutdruck und funktionelle Beschwerden bei Gastarbeitern, ein transkultureller Vergleich. Arbeitsmedizin, Sozialmedizin, Arbeitshygiene 5, 1967.

Pelser, H.-O., Die Rechtstellung des ausländischen Arbeitnehmers in der Bundesrepublik. Caritas, 4, 1969.

Petzold, H., Arbeitspsychologische und soziologische Bemerkungen zum Gastarbeiterproblem in der Bundesrepublik. Zeitschrift für praktische Psychologie, 7, 1968.

Pietsch, U., Die soziale Hilfe für ausländische Arbeitnehmer. Nachrichten-Dienst des Deutschen Vereins für öffentliche und private Fürsorge, 3, 1965.

Pültz, Arbeitsunfälle der Gastarbeiter. Informationsdienst Nr. 94, 1965, der Gesellschaft für Versicherungswissenschaft und -gestaltung, Köln.

Radtke, A., Fakten, Fragen, Vorschläge zum Ausländerstudium. Deutsches Ärzteblatt 14, 1971.

Reichsarbeitsministerium (Hg.), Der Arbeitseinsatz im Deutschen Reich, 12, 1941.

Reyher, L., Gastarbeiter – Puffer in der Rezession? Wirtschaftsdienst, 12, 1967.

Röllinghoff, W., Behandlungsprobleme bei Gastarbeitern und ausländischen Praktikanten. Fortschritte der Medizin, 16, 1966.

Roth, H., Die DGB-Gewerkschaften und die ausländischen Arbeiter. Marxistische Blätter, 6, 1966.

Roufogalis, S., Die sozialen Probleme der griechischen Arbeitnehmer aus der Sicht eines Arztes. Nachrichten-Dienst des Deutschen Vereins für öffentliche und private Fürsorge, 3, 1965.

Sasse, C. u. O. E. Kempen, Kommunalwahlrecht für Ausländer? Staatsrechtliche Möglichkeiten und Grenzen. Das Parlament, Beilage 8/74 vom 23. 2. 1974.

Savramis, D., Die Stellung der Frau in der griechischen Gesellschaft. Hellenika II/III, 1972.

Sedlaczek, G., Der ausländische Arbeitnehmer in der Kassenarztpraxis. Deutsches Medizinisches Journal 12, 1972.

Schweizerische Arbeitgeberzeitung 28/29, 1973, mit dem Bundesratsbeschluß über die Begrenzung der Zahl der erwerbstätigen Ausländer vom 6. 7. 1973.

Scholz, J.-F., „Gastarbeiter" im deutschsprachigen Raum. Deutsches Medizinisches Journal 12, 1972.

Siewert, H.-J., Ausländische Arbeiter – eine industrielle Reservearmee? Der Bürger im Staat 2, 1973.

Soziale Betriebs-Praxis, Luchterhand Verlag Neuwied, Nr. 111 und 112, 1972.

Schweizerische Arbeitgeber-Zeitung: Seit Jahren enthält fast jede der wöchentlich erscheinenden Ausgaben Beiträge zur Ausländerbeschäftigung.

Siebrecht, V., Unsere Ausländer – pro und contra. Der Arbeitgeber, 11/12, 1965.

Stehlin, A., Der ausländische Arbeitnehmer in unserer Gesellschaftsordnung. Vortragsreihe des Deutschen Industrieinstituts, 17, 1966.

Stirn, H., Unsere ausländischen Mitarbeiter, Blätter für Vorgesetzte, herausgegeben vom Arbeitsring der Arbeitgeberverbände der Deutschen Chemischen Industrie, 8, 1964.

Stirn, H., Gastarbeiter in der deutschsprachigen Literatur – Versuch einer kritischen Übersicht. Archiv für Wissenschaft und Praxis der sozialen Arbeit, 2, 1971.

Stirn, H., Gastarbeiter-Rotation: ein falscher Weg. Arbeit und Leistung, 6, 1974.

Stirn, H., Ausländische Arbeiter in Deutschland – gestern und heute. Psychologie und Praxis, 2, 1965.

Stirn, H., Wird für die ausländischen Arbeiter zuviel getan? Psychologie und Praxis, 4, 1966.

Stirn, H., Ausländerpolitik, Arbeit und Leistung, 7, 1967.

Studentische Politik, 1, 1970, Ausländergesetz 1965, Aufsätze u. a. von M. Diamont, F. Franz, A. Grahl-Madsen, H. H. Heldmann, J. Hummel, P. Kasprzk, D. Majer, B. Pätzoldt, E. Rondholz, L. Rupp.

Trinkler, A. U., Produktionsverluste durch außerordentliche Fremdarbeiterabsenzen (Textilindustrie). Mitteilungen über Textil-Industrie, 12, 1967.

Trinks, Welche echten arbeitsmedizinischen und epidemiologischen Gefahren bestehen durch den Wurmbefall der Gastarbeiter? Arbeitsmedizin, Sozialmedizin, Arbeitshygiene, 3, 1973.

Uhlig, O., Ausländische Arbeitskräfte in der BRD. Ökonomische, psychologische und soziologische Aspekte. Civitas, Bd. 7.

Weber, R., Bald zwei Millionen Ausländer. Arbeit und Sozialpolitik, 6, 1970.

Weber, R., Völkerwanderung nach Norden. Der Arbeitgeber, 11, 1970.

Weber, R., Subjektiv: alles okay. Der Arbeitgeber, 15, 1970.

Wehner, B., „Gastarbeiter-Kriminalität" – auch ein Schlagwort? Kriminalistik, 4, 1966.

Werner, E., Die Slowenen im Ruhrgebiet. Soziale Welt, 1958.

Wirtschaft und Statistik, 2, 1965, Die Beschäftigung ausländischer Arbeitskräfte in Deutschland 1882 bis 1963.

Wirtschaft und Statistik, 2, 1971, Die Ausländer im Bundesgebiet im Spiegel der Bevölkerungsstatistik.

Wirtschaft und Statistik, 5, 1971, Ausländer im Bundesgebiet.

Wöhler, H., Überlegungen zur Vorbereitung des Unterrichts. Dargestellt am Thema „Gastarbeiter in Deutschland". Unsere Volksschule, 5, 1966.

Wolf, Kindergeld für Gastarbeiter. Informationsdienst Nr. 94, 1965, der Gesellschaft für Versicherungswissenschaft und -gestaltung, Köln.

Wolf, H. E., Zu einigen Problemen ideologischer Einflüsse auf die Vorurteilsforschung. Kölner Zeitschrift für Soziologie und Sozialpsychologie 4, 1972.

Wurster, W., Erfahrungen und Probleme mit den Gastarbeitern aus der Sicht der Krankenkassen. Der medizinische Sachverständige, 3, 1967.

Zieris, E., Qualifikation ausländischer Arbeitnehmer. Der Arbeitgeber 9, 1971.

Zeitschrift des Königlich-Preußischen Statistischen Landesamts, 47. Jahrgang 1907.

Zimmermann, H. G., Die Kriminalität der ausländischen Arbeitnehmer in der BRD. Nachrichtendienst des Deutschen Vereins für öffentliche und private Fürsorge, 2, 1967.

Analysen

Kritische Darstellung von Problemen aus
Gesellschaft, Wirtschaft und Politik.
Sachverhalte, Meinungen und Gegenmeinungen,
Alternative Lösungskonzeptionen.

Herausgeber: Helmut Bilstein, Friedrich-Wilhelm Dörge, Ralf Mairose und
Hans-Joachim Winkler

Leske

GEGENWARTSKUNDE
Zeitschrift für Gesellschaft, Wirtschaft, Politik und Bildung

Herausgeber

Dr. Walter Gagel, Hagen; Prof. Dr. Günter Hartfiel, Kassel; Prof. Dr. Hans-Hermann Hartwich, Hamburg; Dr. Friedrich Minssen, Frankfurt; Dr. Willi Walter Puls, Hamburg.

Programm

GEGENWARTSKUNDE bietet problemorientierte Analysen des gegenwärtigen Geschehens in Gesellschaft, Wirtschaft und Politik. Sie erleichtert es dadurch dem Leser, aktuelle politische Auseinandersetzungen zu verfolgen und im Aktuellen das Prinzipielle zu erkennen.
GEGENWARTSKUNDE bietet vornehmlich der Praxis der politischen Bildung sofort anwendbares Material. Danach richtet sich die Aufbereitung des Stoffes.

Technisch-redaktionelle Darbietung

GEGENWARTSKUNDE ist eine Zeitschrift „zum Auseinandernehmen".
Wer die Materialien der Zeitschrift für seine Arbeit nach eigenen Gesichtspunkten ordnet und sammelt, kann das mit jedem einzelnen Beitrag tun. In Verbindung mit der Auswahl der Beiträge, die eine möglichst gleichmäßige Berücksichtigung der Hauptthemenbereiche Gesellschaft, Wirtschaft und Politik anstrebt, wird GEGENWARTSKUNDE zu einem Handbuch der politischen Bildung, das sich ständig aktualisiert. Gerade das erscheint besonders wichtig, weil die dynamische Entwicklung unserer Gesellschaft einer abschließenden, lehrbuchmäßigen Fixierung widerstrebt und vielmehr der ständigen Dokumentierung bedarf.

Die Rubriken:
Aufsätze — Berichterstattung — Zeitspiegel — Es steht zur Debatte — Buchbesprechungen — Analysen.

GEGENWARTSKUNDE erscheint vierteljährlich.
Jahresabonnement DM 28,—, für Studenten und Referendare gegen Bescheinigung DM 20,40, Einzelheft 7,50, jeweils zuzüglich Versandkosten.

Leske Verlag Opladen